2025年2月

18

星期二

乙巳年正月廿一

人民日报社出版

国内统一连续出版物号
CN 11-0065
代号 1-1
第 27982 期
今日 20 版

人民网网址：http://www.people.com.cn

习近平在民营企业座谈会上强调

民营经济发展前景广阔大有可为
民营企业和民营企业家大显身手正当其时

李强丁薛祥出席　王沪宁主持

2月17日，中共中央总书记、国家主席、中央军委主席习近平在京出席民营企业座谈会并发表重要讲话。　新华社记者　谢环驰摄

本报北京2月17日电　中共中央总书记、国家主席、中央军委主席习近平17日上午在京出席民营企业座谈会并发表重要讲话。他强调，党和国家对民营经济发展的基本方针政策，已经纳入中国特色社会主义制度体系，将一以贯之坚持和落实，不能变，也不会变。新时代新征程民营经济发展前景广阔、大有可为，广大民营企业和民营企业家大显身手正当其时。要统一思想、坚定信心，促进民营经济健康发展、高质量发展。希望广大民营企业和民营企业家胸怀报国志，一心谋发展，守法善经营，先富促共富，为推进中国式现代化作出新的更大的贡献。

中共中央政治局常委、国务院总理李强，中共中央政治局常委、国务院副总理丁薛祥出席座谈会。中共中央政治局常委、全国政协主席王沪宁主持座谈会。

座谈会上，华为技术有限公司董事、首席执行官任正非，比亚迪股份有限公司董事长王传福，新希望投资集团有限公司董事长刘永好，上海韦尔半导体股份有限公司董事长虞仁荣，杭州宇树科技有限公司首席执行官王兴兴，小米科技有限责任公司董事长雷军等6位民营企业负责人代表先后发言，就新形势下促进民营经济发展提出意见和建议。

在听取大家发言后，习近平发表重要讲话。他表示，民营企业是伴随改革开放伟大历程蓬勃发展起来的。几十年来，关于对民营经济在改革开放和社会主义现代化建设事业中地位和作用的认识、党和国家对民营经济发展的方针政策，我们党理论和实践是一脉相承、与时俱进的。党和国家坚持和完善社会主义基本经济制度，毫不动摇巩固和发展公有制经济，毫不动摇鼓励、支持、引导非公有制经济发展，党和国家保证各种所有制经济依法平等使用生产要素、公平参与市场竞争、同等受到法律保护，促进各种所有制经济健康发展和中公有制经济人士健康成长。

习近平指出，现在我国民营经济已经形成相当的规模、占有很重的分量，推动民营经济高质量发展具备坚实基础。新时代新征程，我国社会生产力将不断跃升，人民生活水平将稳步提高，改革开放将进一步全面深化，特别是教育科技等业快速发展、人才队伍和劳动力资源数量庞大、素质优良，产业体系和基础设施体系配套完善，14亿多人口的超大规模市场潜力巨大，给民营经济发展带来很多新的机遇，提供更大发展空间。中国特色社会主义制度具有多方面显著优势，总体上是在改革发展、产业转型升级过程中出现的，是短期的而不是整体的，是暂时的而不是长期的，是能够克服的而不是无解的。党的理论和行动统一领导下对国内外形势的判断上来，统一到党中央对经济工作的决策部署上来，在困难和挑战中看到前途、看到光明、看到未来，保持发展定力，增强发展信心，保持发扬拼与赢的精气神。

习近平强调，要扎实落实促进民营经济发展的政策措施。当前促进民营经济发展的工作重点。凡是党中央定了的就要坚决执行，不有折扣。要坚决破除依法平等使用生产要素、公平参与市场竞争的各种障碍，持续推进基础设施竞争性领域向各类经营主体公平开放，继续下大力气解决民营企业融资难融资贵问题。要着力解决拖欠民营企业账款问题。要强化执法监督，集中整治乱收费、乱罚款、乱摊派、乱查封，切实依法保护民营企业和民营企业家合法权益。同时要认识到，我国是社会主义法治国家，各类所有制企业的违法行为，都不能规避查处。要认真落实各项纾困政策，提高政策精准度，注重综合施策，对企业一视同仁。要进一步构建亲清政商关系。各级党委和政府要立足实际，按照抓好促进民营经济发展政策措施的落实。

企业是经营主体，企业是履行主体的最为一位的。广大民营企业和民营企业家要胸怀报国志，不断提升境界思想，富而思进，弘扬企业家精神，专心致志做强做优做大企业，坚定建中国特色社会主义的建设者、中国式现代化的促进者。要坚守主业、做强实业，加强自主创新，转变发展方式，不断提高企业品质、效益和竞争力，努力为推动科技创新、建设现代化产业体系、全面推进乡村振兴、促进区域协调发展、保障和改善民生等多方面作贡献。要按照中国特色现代企业制度要求完善企业治理结构，现代化制度量、保障企业风险防范机制，不断变革劳动、人才、知识、技术、资本、数据等生产要素的作用，管理、保护机制，重视企业履行社会责任，积极构建和谐劳动关系，抓好生态环境保护，力所能及参与公益慈善事业，多向社会奉献爱心。

公平开放，继续下大力气解决民营企业融资难融资贵问题。要着力解决拖欠民营企业账款问题。要强化执法监督，集中整治乱收费、乱罚款、乱检查、乱查封，切实依法保护民营企业和民营企业家合法权益。同时要认识到，我国是社会主义法治国家，各类所有制企业的违法行为，都不能规避查处。要认真落实各项纾困政策，提高政策精准度，注重综合施策，对企业一视同仁。要进一步构建亲清政商关系。各级党委和政府要立足实际，统筹抓好促进民营经济发展政策措施的落实。

习近平强调，企业是履行社会责任的最为一位的。广大民营企业和民营企业家要胸怀报国志，不断提升境界思想，富而思进，弘扬企业家精神，专心致志做强做优做大企业，坚定建中国特色社会主义的建设者、中国式现代化的促进者。要坚守主业、做强实业，加强自主创新，转变发展方式，不断提高企业品质、效益和竞争力，努力为推动科技创新、培育新质生产力、建设现代化产业体系、全面推进乡村振兴、

促进区域协调发展、保障和改善民生等多作贡献。要按照中国特色现代企业制度要求完善企业治理结构，现代化管理方式，强化内部监督管理、风险防范机制，不断变革劳动、人才、知识、技术、资本、数据等生产要素的使用，管理、保护机制，重视企业履行社会责任，积极构建和谐劳动关系，抓好生态环境保护，力所能及参与公益慈善事业，多向社会奉献爱心。

（下转第二版）

2025年3月

3

星期一

乙巳年二月初四

人民日报社出版

国内统一连续出版物号
CN 11-0065
代号1-1
第27995期
今日20版

人民网网址：http://www.people.com.cn

"我是一贯支持民营企业的"

——习近平同志关心推动民营经济发展纪实

新华社记者

民营经济，推进中国式现代化的生力军，实现高质量发展的重要基础。

长期在地方工作，尤其是在民营经济比较发达省份工作，一路走来，习近平同志一直十分重视支持民营经济健康发展、关心民营企业家健康成长。

今年2月17日，在中国经济巨轮迎难而上、乘风破浪的关键时期，习近平总书记出席民营企业座谈会并发表重要讲话。

"新时代新征程民营经济发展前景广阔、大有可为，广大民营企业和民营企业家大显身手正当其时""希望广大民营企业和民营企业家胸怀报国志、一心谋发展、守法善经营、先富促共富，为推进中国式现代化作出新的更大的贡献"……

殷殷关怀凝心聚力，深深期许催人奋进。

（一）"党中央一直重视和支持非公有制经济发展，这一点没有改变、也不会改变"

"我们必须亮明态度、决不含糊，始终坚持社会主义市场经济改革方向，坚持'两个毫不动摇'。"

2022年12月15日，党的二十大后第一次中央经济工作会议。习近平总书记在讲话中谈到民营经济发展时语气坚定："党的二十大报告鲜明提出'促进民营经济发展壮大'，这是长久之策，不是权宜之计。"

"我是一贯支持民营企业的，也是在民营经济比较发达的地方干过来的。"习近平总书记对民营经济、民营企业的关心支持由来已久。

在河北正定，为万元户颁发"率先致富奖"；在福建，七下晋江，总结推广民营经济发展的"晋江经验"；在浙江，推动民营经济和国有经济比翼齐飞、共同发展；在上海，会见优秀非公有制经济人士代表……

2007年4月24日，到任上海市委书记刚满一个月，习近平同志来到宝山区调研。这天，他去了两家企业，一家是国企龙头宝钢集团，一家是民营钢铁企业。

随后举行的座谈会上，习近平同志指出，要坚持"两个毫不动摇"，积极营造良好的投资环境，促进民营经济健康快速发展。

几个月后，习近平同志在青浦区调研时，了解到民营经济实现的税收已经占到青浦全区税收的50%以上。他对青浦的干部说："民营经济也是青浦经济发展的一个特色，我在宝山调研的时候，强调了'两个毫不动摇'，中央有明确的

要求，这也是上海发展必须长期坚持的指导方针。"

时光荏苒，情怀依旧。

党的十八大后，习近平总书记一次次走进民营企业，一次次同民营企业家面对面，一次次谋划民营经济发展大计。

习近平总书记强调："民营经济是我国经济制度的内在要素，民营企业和民营企业家是我们自己人。"

2016年3月4日，习近平总书记看望参加全国政协十二届四次会议的民建、工商联界委员并参加联组会。

认真听取大家发言后，习近平总书记发表重要讲话："我在这里重申，非公有制经济在我国经济社会发展中的地位和作用没有变，我们毫不动摇鼓励、支持、引导非公有制经济发展的方针政策没有变，我们致力于为非公有制经济发展营造良好环境和提供更多机会的方针政策没有变。"

从"两个毫不动摇"到"三个没有变"，我们党在坚持基本经济制度上的观点坚定不移、不断深化。

2018年，国际形势风云突变，我国发展面临严峻挑战。当时，社会上有的人发表了一些否定、怀疑民营经济的言论，提出所谓"民营经济离场论""新公私合营论"。

习近平总书记对此连续作出回应：在给"万企帮万村"行动中受表彰的民营企业家回信中明确"民营经济的历史贡献不可磨灭，民营经济的地位作用不容置疑，任何否定、弱化民营经济的言论和做法都是错误的"；在广东考察时强调"党中央一直重视和支持非公有制经济发展，这一点没有改变、也不会改变"。

2018年11月1日上午，北京人民大会堂，习近平总书记亲自提议并主持召开民营企业座谈会，50多位民营企业家受邀参加。

10名来自软件研发、环保、医药、网络安全等不同领域行业的民营企业家代表先后发言。习近平总书记认真听取发言，不时询问情况，同大家深入交流。

习近平总书记鲜明指出："我国基本经济制度写入了宪法、党章，这是不会变的，也是不能变的。"会场上一次又一次响起热烈的掌声。

新征程、新发展、新机遇、新挑战。

今年，习近平总书记再次出席民营企业座谈会。6位来自不同领域行业的民营企业负责人代表先后发言，汇报成绩、分析形势、展望未来、提出建议。

听了大家的发言，习近平总书记强调，党和国家对民营经济发展的基本方针政策，已经纳入中国特色社会主义制度体系，将一以贯之坚持和落实，不能变，也不会变。

（下转第四版）

民营经济

中国式现代化的重要力量

任初轩 ◎ 编

人民日报出版社
北 京

图书在版编目（CIP）数据

民营经济：中国式现代化的重要力量 / 任初轩编
. — 北京：人民日报出版社，2023.5
ISBN 978-7-5115-7785-6

Ⅰ.①民… Ⅱ.①任… Ⅲ.①民营经济—经济发展—中国—文集 Ⅳ.①F121.23-53

中国国家版本馆CIP数据核字（2023）第070645号

书　　名：	民营经济：中国式现代化的重要力量
	MINYING JINGJI: ZHONGGUOSHI XIANDAIHUA DE ZHONGYAO LILIANG
编　　者：	任初轩
出 版 人：	刘华新
责任编辑：	李　安　蒋菊平
版式设计：	九章文化
出版发行：	人民日报出版社
社　　址：	北京金台西路2号
邮政编码：	100733
发行热线：	（010）65369509　65369527　65369846　65369512
邮购热线：	（010）65369530　65363527
编辑热线：	（010）65369528
网　　址：	www.peopledailypress.com
经　　销：	新华书店
印　　刷：	大厂回族自治县彩虹印刷有限公司
法律顾问：	北京科宇律师事务所　（010）83622312
开　　本：	710mm×1000mm　1/16
字　　数：	184千字
印　　张：	15
版次印次：	2025年4月第1版　2025年4月第1次印刷
书　　号：	ISBN 978-7-5115-7785-6
定　　价：	36.00元

Contents 目 录

习近平在民营企业座谈会上强调

001 民营经济发展前景广阔大有可为　民营企业和民营企业家大显身手正当其时

　　　李强丁薛祥出席　王沪宁主持

007 "我是一贯支持民营企业的"
　　——习近平同志关心推动民营经济发展纪实

021 人民日报评论员文章：论学习贯彻习近平总书记在民营企业座谈会上重要讲话
　　021 党和国家对民营经济发展的基本方针政策不会变
　　024 坚定信心，民营经济发展前景广阔、大有可为
　　027 扎扎实实促进民营经济健康发展、高质量发展
　　030 民营企业和民营企业家勇担重任、善作善成

033 人民日报评论员观察：促进民营经济高质量发展
　　033 一以贯之支持民营经济发展壮大 / 李　拯
　　036 在广阔舞台上大显身手 / 李洪兴
　　039 保持爱拼会赢的精气神 / 彭　飞

一　民营经济的重大成就和重要贡献

045 促进民营经济发展壮大　为推进中国式现代化贡献力量 / 高云龙
053 党领导民营经济发展和工商联工作的重大成就和历史经验 / 徐乐江

062　为什么说民营经济是社会主义经济 / 胡德巧
077　充分发挥民营经济在推动新质生产力和新型生产关系发展中的重要作用 / 王中汝　冯　帆

二　正确认识民营经济发展面临的机遇和挑战

099　民营企业和民营企业家大显身手正当其时 / 陈　清
107　中国民企创新发展：现状、挑战与建议 / 高太山
116　民营经济高质量发展的基础、挑战与路径 / 朱鹏华
129　营造民营经济高质量发展新优势 / 沈丽霞　罗贞礼

三　扎扎实实落实促进民营经济发展的政策措施

139　同心协力谱写民营经济发展新篇章 / 全国政协经济委员会
147　坚定不移促进民营经济发展壮大 / 中共全国工商联党组
156　系统优化民营经济发展环境 / 韩文秀
166　构建亲清政商关系助推经济高质量发展 / 中国纪检监察杂志社课题组
179　进一步强化促进民营经济发展壮大的法治保障 / 肖　京

四　坚定做中国特色社会主义的建设者、中国式现代化的促进者

193　民营经济的发展环境与民营企业的强壮之道 / 范恒山
203　建设高水平民营企业家队伍全力推动新时代民营经济新飞跃 / 浙江省工商联
209　新希望集团：向新而行，有新作为 / 刘永好
215　在竞争中打造世界级品牌 / 王传福
220　献给春天的演讲：相信 / 王兴兴

222　附录　中共中央　国务院关于促进民营经济发展壮大的意见

习近平在民营企业座谈会上强调

民营经济发展前景广阔大有可为
民营企业和民营企业家大显身手正当其时

李强丁薛祥出席　王沪宁主持

■ 党和国家对民营经济发展的基本方针政策，已经纳入中国特色社会主义制度体系，将一以贯之坚持和落实，不能变，也不会变。新时代新征程民营经济发展前景广阔、大有可为，广大民营企业和民营企业家大显身手正当其时。要统一思想、坚定信心，促进民营经济健康发展、高质量发展。希望广大民营企业和民营企业家胸怀报国志、一心谋发展、守法善经营、先富促共富，为推进中国式现代化作出新的更大的贡献

■ 民营企业是伴随改革开放伟大历程蓬勃发展起来的。几十年来，关于对民营经济在改革开放和社会主义现代化建设事业中地位和作用的认识、党和国家对民营经济发展的方针政策，我们党理论和实践是一脉相承、与时俱进的。党和国家坚持和完善社会主义基本经济制度，毫不动摇巩固和发展公有制经济，毫不动摇鼓励、支持、引导非公有制经济发展；党和国家保证各种所有制经济依法平等使用生产要素、公平参与市场竞争、同等受到法律保护，促进各种所有制经济优势互补、共同发展，促进非公有制经济健康发展和非公有制经济人士健康成长

■ 扎扎实实落实促进民营经济发展的政策措施，是当前促进民营经

济发展的工作重点。凡是党中央定了的就要坚决执行，不能打折扣。要坚决破除依法平等使用生产要素、公平参与市场竞争的各种障碍，持续推进基础设施竞争性领域向各类经营主体公平开放，继续下大气力解决民营企业融资难融资贵问题。要着力解决拖欠民营企业账款问题。要强化执法监督，集中整治乱收费、乱罚款、乱检查、乱查封，切实依法保护民营企业和民营企业家合法权益。同时要认识到，我国是社会主义法治国家，各类所有制企业的违法行为，都不能规避查处。要认真落实各项纾困政策，提高政策精准度，注重综合施策，对企业一视同仁。要进一步构建亲清政商关系。各级党委和政府要立足实际，统筹抓好促进民营经济发展政策措施的落实

■ 企业是经营主体，企业发展内生动力是第一位的。广大民营企业和民营企业家要满怀创业和报国激情，不断提升理想境界，厚植家国情怀，富而思源、富而思进，弘扬企业家精神，专心致志做强做优做大企业，坚定做中国特色社会主义的建设者、中国式现代化的促进者。要坚定不移走高质量发展之路，坚守主业、做强实业，加强自主创新，转变发展方式，不断提高企业质量、效益和核心竞争力，努力为推动科技创新、培育新质生产力、建设现代化产业体系、全面推进乡村振兴、促进区域协调发展、保障和改善民生等多作贡献。要按照中国特色现代企业制度要求完善企业治理结构，规范股东行为、强化内部监督、健全风险防范机制，不断完善劳动、人才、知识、技术、资本、数据等生产要素的使用、管理、保护机制，重视企业接班人培养。要坚持诚信守法经营，树立正确价值观和道德观，以实际行动促进民营经济健康发展。要积极履行社会责任，积极构建和谐劳动关系，抓好生态环境保护，力所能及参与公益慈善事业，多向社会奉献爱心

| 民营经济发展前景广阔大有可为　民营企业和民营企业家大显身手正当其时 |

本报北京2月17日电　中共中央总书记、国家主席、中央军委主席习近平17日上午在京出席民营企业座谈会并发表重要讲话。他强调，党和国家对民营经济发展的基本方针政策，已经纳入中国特色社会主义制度体系，将一以贯之坚持和落实，不能变，也不会变。新时代新征程民营经济发展前景广阔、大有可为，广大民营企业和民营企业家大显身手正当其时。要统一思想、坚定信心，促进民营经济健康发展、高质量发展。希望广大民营企业和民营企业家胸怀报国志、一心谋发展、守法善经营、先富促共富，为推进中国式现代化作出新的更大的贡献。

中共中央政治局常委、国务院总理李强，中共中央政治局常委、国务院副总理丁薛祥出席座谈会。中共中央政治局常委、全国政协主席王沪宁主持座谈会。

座谈会上，华为技术有限公司首席执行官任正非、比亚迪股份有限公司董事长王传福、新希望控股集团有限公司董事长刘永好、上海韦尔半导体股份有限公司董事长虞仁荣、杭州宇树科技有限公司首席执行官王兴兴、小米科技有限责任公司董事长雷军等6位民营企业负责人代表先后发言，就新形势下促进民营经济发展提出意见和建议。

在听取大家发言后，习近平发表重要讲话。他表示，民营企业是伴随改革开放伟大历程蓬勃发展起来的。几十年来，关于对民营经济在改革开放和社会主义现代化建设事业中地位和作用的认识、党和国家对民营经济发展的方针政策，我们党理论和实践是一脉相承、与时俱进的。党和国家坚持和完善社会主义基本经济制度，毫不动摇巩固和发展公有制经济，毫不动摇鼓励、支持、引导非公有制经济发展；党和国家保证各种所有制经济依法平等使用生产要素、公平参与市场竞争、同等受到法律保护，促进各种所有制经济优势互补、共同发展，促进非公有制经济健康发展和非公有制经济人士健康成长。

习近平指出，现在我国民营经济已经形成相当的规模、占有很重的分量，推动民营经济高质量发展具备坚实基础。新时代新征程，我国社会生产力将不断跃升，人民生活水平将稳步提高，改革开放将进一步全面深化，特别是教育科技事业快速发展，人才队伍和劳动力资源数量庞大、素质优良，产业体系和基础设施体系配套完善，14亿多人口的超大规模市场潜力巨大，给民营经济发展带来很多新的机遇、提供更大发展空间。中国特色社会主义制度具有多方面显著优势，社会主义市场经济体制、中国特色社会主义法治体系不断健全和完善，将为民营经济发展提供更为坚强的保障。

习近平强调，当前民营经济发展面临的一些困难和挑战，总体上是在改革发展、产业转型升级过程中出现的，是局部的而不是整体的，是暂时的而不是长期的，是能够克服的而不是无解的。要把思想和行动统一到党中央对国内外形势的判断上来，统一到党中央对经济工作的决策部署上来，在困难和挑战中看到前途、看到光明、看到未来，保持发展定力、增强发展信心，保持爱拼会赢的精气神。

习近平指出，扎扎实实落实促进民营经济发展的政策措施，是当前促进民营经济发展的工作重点。凡是党中央定了的就要坚决执行，不能打折扣。要坚决破除依法平等使用生产要素、公平参与市场竞争的各种障碍，持续推进基础设施竞争性领域向各类经营主体公平开放，继续下大气力解决民营企业融资难融资贵问题。要着力解决拖欠民营企业账款问题。要强化执法监督，集中整治乱收费、乱罚款、乱检查、乱查封，切实依法保护民营企业和民营企业家合法权益。同时要认识到，我国是社会主义法治国家，各类所有制企业的违法行为，都不能规避查处。要认真落实各项纾困政策，提高政策精准度，注重综合施策，对企业一视同仁。要进一步构建亲清政商关系。各级党委和政府要立足实际，统筹抓好促进民营经济发展政策措施的落实。

习近平强调，企业是经营主体，企业发展内生动力是第一位的。广大民营企业和民营企业家要满怀创业和报国激情，不断提升理想境界，厚植家国情怀，富而思源、富而思进，弘扬企业家精神，专心致志做强做优做大企业，坚定做中国特色社会主义的建设者、中国式现代化的促进者。要坚定不移走高质量发展之路，坚守主业、做强实业，加强自主创新，转变发展方式，不断提高企业质量、效益和核心竞争力，努力为推动科技创新、培育新质生产力、建设现代化产业体系、全面推进乡村振兴、促进区域协调发展、保障和改善民生等多作贡献。要按照中国特色现代企业制度要求完善企业治理结构，规范股东行为、强化内部监督、健全风险防范机制，不断完善劳动、人才、知识、技术、资本、数据等生产要素的使用、管理、保护机制，重视企业接班人培养。要坚持诚信守法经营，树立正确价值观和道德观，以实际行动促进民营经济健康发展。要积极履行社会责任，积极构建和谐劳动关系，抓好生态环境保护，力所能及参与公益慈善事业，多向社会奉献爱心。

王沪宁在主持会议时表示，习近平总书记的重要讲话，充分肯定民营经济发展取得的重大成就和为国家经济社会发展作出的重要贡献，强调要正确认识民营经济发展面临的机遇和挑战，对当前和今后一个时期促进民营经济健康发展、高质量发展作了全面部署。讲话立意高远、思想深邃、论述精辟、内涵丰富，我们要认真学习领会、坚决贯彻落实。要坚定发展信心，强化全局意识、系统观念、法治精神，把各项政策落实到位，努力开创民营经济发展新局面。

石泰峰、李书磊、何立峰、吴政隆、穆虹出席座谈会。

中央和国家机关有关部门、全国工商联负责同志，民营企业负责人代表等参加座谈会。

《人民日报》（2025年02月18日　第01版）

"我是一贯支持民营企业的"

——习近平同志关心推动民营经济发展纪实

新华社记者

民营经济，推进中国式现代化的生力军，实现高质量发展的重要基础。

长期在地方工作，尤其是在民营经济比较发达省份工作，一路走来，习近平同志一直十分重视支持民营经济健康发展、关心民营企业家健康成长。

今年2月17日，在中国经济巨轮迎难而上、乘风破浪的关键时期，习近平总书记出席民营企业座谈会并发表重要讲话。

"新时代新征程民营经济发展前景广阔、大有可为，广大民营企业和民营企业家大显身手正当其时""希望广大民营企业和民营企业家胸怀报国志、一心谋发展、守法善经营、先富促共富，为推进中国式现代化作出新的更大的贡献"……

殷殷关怀凝心聚力，深深期许催人奋进。

（一）"党中央一直重视和支持非公有制经济发展，这一点没有改变、也不会改变"

"我们必须亮明态度、决不含糊，始终坚持社会主义市场经济改革方向，坚持'两个毫不动摇'。"

2022年12月15日，党的二十大后第一次中央经济工作会议。习近平总书记在讲话中谈到民营经济发展时语气坚定："党的二十大报告鲜明提出'促进民营经济发展壮大'，这是长久之策，不是权宜之计。"

"我是一贯支持民营企业的，也是在民营经济比较发达的地方干过来的。"习近平总书记对民营经济、民营企业的关心支持由来已久。

在河北正定，为万元户颁发"率先致富奖"；在福建，七下晋江，总结推广民营经济发展的"晋江经验"；在浙江，推动民营经济和国有经济比翼齐飞、共同发展；在上海，会见优秀非公有制经济人士代表……

2007年4月24日，到任上海市委书记刚满一个月，习近平同志来到宝山区调研。这天，他去了两家企业，一家是国企龙头宝钢集团，一家是民营钢铁企业。

随后举行的座谈会上，习近平同志指出，要坚持"两个毫不动摇"，积极营造良好的投资环境，促进民营经济健康快速发展。

几个月后，习近平同志在青浦区调研时，了解到民营经济实现的税收已经占到青浦全区税收的50%以上。他对青浦的干部说："民营经济也是青浦经济发展的一个特色，我在宝山调研的时候，强调了'两个毫不动摇'，中央有明确的要求，这也是上海发展必须长期坚持的指导方针"。

时光荏苒，情怀依旧。

党的十八大后，习近平总书记一次次走进民营企业，一次次同民营企业家面对面，一次次谋划民营经济发展大计。习近平总书记强调："民营经济是我国经济制度的内在要素，民营企业和民营企业家是我们自己人。"

2016年3月4日,习近平总书记看望参加全国政协十二届四次会议的民建、工商联界委员并参加联组会。

认真听取大家发言后,习近平总书记发表重要讲话:"我在这里重申,非公有制经济在我国经济社会发展中的地位和作用没有变,我们毫不动摇鼓励、支持、引导非公有制经济发展的方针政策没有变,我们致力于为非公有制经济发展营造良好环境和提供更多机会的方针政策没有变。"

从"两个毫不动摇"到"三个没有变",我们党在坚持基本经济制度上的观点坚定不移、不断深化。

2018年,国际形势风云突变,我国发展面临严峻挑战。当时,社会上有的人发表了一些否定、怀疑民营经济的言论,提出所谓"民营经济离场论""新公私合营论"。

习近平总书记对此连续作出回应:在给"万企帮万村"行动中受表彰的民营企业家回信中明确"民营经济的历史贡献不可磨灭,民营经济的地位作用不容置疑,任何否定、弱化民营经济的言论和做法都是错误的";在广东考察时强调"党中央一直重视和支持非公有制经济发展,这一点没有改变、也不会改变"。

2018年11月1日上午,北京人民大会堂,习近平总书记亲自提议并主持召开民营企业座谈会,50多位民营企业家受邀参加。

10名来自软件研发、环保、医药、网络安全等不同领域行业的民营企业家代表先后发言。习近平总书记认真听取发言,不时询问情况,同大家深入交流。

习近平总书记鲜明指出:"我国基本经济制度写入了宪法、党章,这是不会变的,也是不能变的。"会场上一次又一次响起热烈的掌声。

新征程、新发展,新机遇、新挑战。

今年,习近平总书记再次出席民营企业座谈会。6位来自不同领域行业的民营企业负责人代表先后发言,汇报成绩、分析形势、展望未来、提出建议。

听了大家的发言,习近平总书记强调,党和国家对民营经济发展的基本方针政策,已经纳入中国特色社会主义制度体系,将一以贯之坚持和落实,不能变,也不会变。

(二)"不断为民营经济营造更好发展环境"

"我常在想,新型政商关系应该是什么样的?概括起来说,我看就是'亲'、'清'两个字。"

2016年3月4日,习近平总书记看望参加全国政协十二届四次会议的民建、工商联界委员并参加联组会,对"新型政商关系"作出重要阐释:

"对领导干部而言,所谓'亲',就是要坦荡真诚同民营企业接触交往,特别是在民营企业遇到困难和问题情况下更要积极作为、靠前服务,对非公有制经济人士多关注、多谈心、多引导,帮助解决实际困难。所谓'清',就是同民营企业家的关系要清白、纯洁,不能有贪心私心,不能以权谋私,不能搞权钱交易。"

从河北正定到福建,从浙江到上海,习近平同志在丰富的实践中对新型政商关系有着深刻的理解。

"走,咱们给新立拜年去!"

1985年农历正月初八,新年的余味尚在。上午9点多,时任正定县委书记的习近平同志招呼县委办公室干事李亚平,骑车兴冲冲地前往东权城村的张新立家。

26岁的张新立原来在县广播站工作,是个科技爱好者,平时喜欢钻研无线电技术,搞一些技术革新和改造。瞅准时机,他辞职办起了春光电器厂。

"习书记,张新立比你年龄还小,你又是县委书记,咋给他拜上年了?"李亚平不解地问。

"因为他这个致富典型很有意义,可以起到领路、示范作用。"习近平同志说。

上世纪90年代,位于福建福清市的福耀公司急需一笔银行贷款,同时腾出股份与一家外国企业合作,但迟迟未获批准。时任福清市委书记练知轩知道情况后,请示了时任福州市委书记的习近平同志。

习近平同志当即表示:"你们思想要解放,办好现有的企业就是最好的招商,要全力支持他。"

在习近平同志指示下,福清市大力支持福耀。1996年3月,福耀如愿引来了外商注资,1亿多元贷款紧随而至,化解了这场资金危机。

回首往事,练知轩很感慨:"习近平同志自己没有任何私欲私利,敢于甩开膀子干。他非常亲商,要求我们既要亲商,又要富商,为企业搞好服务,让企业赚到钱,这样才会吸引更多的企业过来。"

"要进一步构建亲清政商关系。"今年2月17日召开的民营企业座谈会上,习近平总书记再次强调,各级党委和政府要立足实际,统筹抓好促进民营经济发展政策措施的落实。

全面构建亲清政商关系,关键在于优化民营经济发展环境,真正为民营企业排忧解难。

2007年9月4日,时任上海市委书记的习近平同志来到普陀区调研。普陀区民营经济的一大特色是民营科技企业已成为区域自主创新的主力军。

习近平同志听取汇报后说,普陀区要进一步发挥市场作用,着力营造民营经济发展的良好环境。要强化产学研联盟,采取措施缓解民营企业的融资瓶颈,为民营企业引进各类高层次、紧缺人才提供高效优质的公共服务,还要发展一些"民办、公助、党领导"的商会、行业协会。

他临走时叮嘱区干部:"要利用上海'西大堂'的优势和特点,重点引导发展集聚型、服务性、高端化民营经济,为提升上海民营经济的核心竞争力作出贡献。"

多措并举、协同发力,为民营经济发展保驾护航。

习近平总书记强调,我们要不断为民营经济营造更好发展环境,帮助民营经济解决发展中的困难,支持民营企业改革发展,变压力为动力,让民营经济创新源泉充分涌流,让民营经济创造活力充分迸发。

2021年4月,习近平总书记在广西考察时,来到柳州螺蛳粉生产集聚区。当地负责同志告诉总书记,近年来柳州加快推动螺蛳粉产业化、规模化、品牌化发展。

习近平总书记走进广西善元食品有限公司,从中央厨房到包装车间,实地察看螺蛳粉生产流程。总书记指出,在螺蛳粉产业化过程中,民营企业发挥着重要作用。民营企业灵活,敢于闯。我们鼓励民营企业发展,党和国家在民营企业遇到困难的时候给予支持、遇到困惑的时候给予指导,就是希望民营企业放心大胆发展。

党的十八大以来,通过全面深化改革,我国不断完善产权保护、市场准入、公平竞争、社会信用等市场经济基础制度,持续优化民营经济发展环境，充分激发民营经济发展活力和内生动力。

提供更加坚实的法治保障：加快推动出台民营经济促进法，从制度和法律上把对国企民企平等对待的要求落实下来，对侵犯各种所有制经济产权和合法利益的行为实行同责同罪同罚；

营造更加公平的市场环境：加快构建全国统一大市场，深入破除市场准入壁垒，构建开放透明、规范有序、平等竞争、权责清晰、监管有力的市场准入制度体系，营造市场化、法治化、国际化一流营商环境；

构建更加完善的政策体系：加强涉民营经济政策与宏观政策取向一致性评估，完善民营企业融资支持政策制度，破解融资难、融资贵问题，建好用好民营经济发展综合服务平台，推动有为政府和有效市场更好结合，不断提高政府监管和服务效能；

……

这次民营企业座谈会上，针对当前民营企业反映比较集中的一些问题，习近平总书记指出，要坚决破除依法平等使用生产要素、公平参与市场竞争的各种障碍，持续推进基础设施竞争性领域向各类经营主体公平开放，继续下大气力解决民营企业融资难融资贵问题。要着力解决拖欠民营企业账款问题。要强化执法监督，集中整治乱收费、乱罚款、乱检查、乱查封，切实依法保护民营企业和民营企业家合法权益。

"扎扎实实落实促进民营经济发展的政策措施，是当前促进民营经济发展的工作重点。凡是党中央定了的就要坚决执行，不能打折扣。"习近平总书记着重强调。

（三）"坚定不移走高质量发展之路，坚守主业、做强实业"

2019年3月10日下午，北京人民大会堂，习近平总书记参加十三届全国人大二次会议福建代表团审议。

"'晋江经验'是民营经济发展的重要法宝,我们都是'晋江经验'的践行者、受益者……""民营经济要走向高端创造,根本出路在创新。"全国人大代表、安踏集团董事局主席丁世忠在发言中深有感触地说。

"当时,怎么起的这个名字?"总书记问。

"'安踏'的意思是安心创业,踏实做人。"丁世忠答道。

"做企业、做事业,不是仅仅赚几个钱的问题。只为了赚钱,见异思迁这种事情就会发生。做实体经济,要实实在在、心无旁骛地做一个主业,这是本分。"习近平总书记语挚情长。

对于晋江,习近平总书记再熟悉不过。在任福建省委副书记和福建省省长的六年里,他七次到民营经济非常活跃的晋江调研,总结推广"晋江经验"。

"每一回进企业,他都仔细询问有没有引进新技术、开发新产品,市场是怎么开拓的,企业要怎样才能做大,存在哪些困难。他多次鼓励企业以市场为导向,抓好体制创新、管理创新、结构创新和技术创新,特别要做好市场创新这篇文章。"多次陪同习近平同志在晋江调研的时任晋江市委副书记陈章进曾经回忆。

在市场风雨中勇敢搏击,向着高质量发展转型升级,民营经济和民营企业扮演着十分重要的角色。

如何引领民营经济涉险滩、爬陡坡、闯难关,风雨无阻向前进?统筹破与立,洞察时与势,把握制与治,习近平总书记始终将关切的目光投向这一领域,为促进民营经济健康发展、高质量发展指引方向。

"根深叶茂,主根要扎稳,这是一种企业家精神的体现。""我在福建、浙江工作时,鞋帽服装方面的民营企业非常多。从最开始的来料加工为主到现在创立自己的品牌，进而超过国际品牌，我观察这些异军突起的企业，就是心无旁骛、一以贯之、做强主业。"2024年5月，在山东济南主持召开的企业和专家座谈会上，习近平总书记谈及往事。

今年2月17日召开的民营企业座谈会上，习近平总书记再次提到："我在福建和浙江工作时，就很认同当地一些民营企业立足实业、聚焦主业、不断做大做强的做法。这两个地方的服装鞋帽企业比较多，现在有的已经引领国际潮流了，很重要的原因就是几十年心无旁骛，一以贯之做这一行，从开始的来料加工到创立自己的品牌，现在成长为世界知名企业。"

习近平总书记强调，要坚定不移走高质量发展之路，坚守主业、做强实业。

2024中国民营企业500强榜单显示，民营企业更加专注实业，榜单中制造业企业数量占比达66.4%，连续3年实现提升。

推动高质量发展，创新是第一动力。

2006年1月9日，全国科学技术大会开幕。带队参加大会的时任浙江省委书记习近平同志，深深感受到会场内外那股时不我待、奋起直追的激情。他不止一次和浙江参会代表们说，我们一定要走出有浙江特色的自主创新路子。

参会的宁波海天集团股份有限公司总裁张剑鸣心潮起伏。会议间隙，他赶忙找到习近平同志，报告了海天集团多年来在提升自主创新能力上取得的进展，邀请习书记来海天调研指导。

一个多月后，习近平同志如约而至。在宁波，他整整调研了3天，考察了8家在科技进步与自主创新方面做得较好的企业，对科技新产品看了又看，与企业家和技术人员聊了又聊。

企业是科技创新的主体，民营企业是科技创新的重要力量。

2022年仲夏时节，赴四川考察期间，习近平总书记来到极米光电有限公司，这是一家设计研制投影机的民营企业。听到企业负责人"3到5年达到全球领先"的决心，习近平总书记为企业加油鼓劲："很好，就要有这样的志气！"

新能源汽车等领域异军突起，人形机器人、半导体等战略性新兴产业崭露头角，人工智能等领域快速发展……在科技创新的竞技场上，广大民营企业展现出蓬勃的生命力，为中国经济航船注入强大动能。

去年前三季度，全国新设民营企业619.1万户。其中，新一代信息技术产业新设民营企业32.7万户，高端装备制造业新设民营企业14.8万户，人工智能软件研发类新设民营企业80多万户。此外，在民用航空、量子信息等领域，民营企业均展现出充沛活力。

实现高质量发展，民营企业要善于观大势、谋长远。

2001年，正是中国加入世界贸易组织之时。作为沿海开放省份和民营经济大省，浙江迎来巨大机遇。

次年底，出任浙江省委书记刚一个月，习近平同志就来到民营经济先发地区台州、温州调研。

彼时，浙江民营企业正面临发展瓶颈，小的难做大，大的难做强，强的难做活。位于温州乐清的德力西集团试图通过自主投资建设和资本运作等多种方式，面向全国布局发展，但一些人对民营企业到省外投资既不看好，也不支持。

在新工厂的沙盘前，集团董事局主席胡成中向习近平同志汇报了企业的生产经营情况和发展规划。

听完汇报，习近平同志鼓劲道："省委、省政府支持你们'走出去'，不仅要去抢占全国市场，还要去抢占国际市场。"他说，像德力西，就可以考虑把研发总部、营销总部放到上海，这更有利于企业的长远发展。

2012年，德力西集团上海总部落户后，公司将研发团队也搬到了上海。如今，德力西的产品和服务网络已经覆盖60多个国家和地区，出口业务量实现大幅增长。

不惧风浪，方能扬帆远航。

2024年，我国货物贸易进出口总值达到43.85万亿元，同比增长5%，规模再创历史新高。民营企业进出口24.33万亿元，同比增长8.8%，占我国外贸总值的比重继续提升至55.5%，进一步发挥出外贸"主力军"重要作用。

（四）"保持发展定力、增强发展信心，保持爱拼会赢的精气神"

当前，面对国际形势变乱交织、国内经济运行承压的复杂严峻环境，我国民营经济发展也面临一些困难和挑战。

"总体上是在改革发展、产业转型升级过程中出现的，是局部的而不是整体的，是暂时的而不是长期的，是能够克服的而不是无解的"。

今年2月17日召开的民营企业座谈会上，习近平总书记深入阐明"怎么看""怎么办"的重大问题，殷切勉励广大民营企业和民营企业家"在困难和挑战中看到前途、看到光明、看到未来，保持发展定力、增强发展信心，保持爱拼会赢的精气神"。

敏锐把握时与势，深刻洞察危与机。习近平总书记始终坚持用发展的眼光、辩证的思维指引民营企业正确认识挑战和机遇。

浙江宁波臻至模具新厂区内，机器轰鸣，近3米高的大型联动设备有序运作，一套套超大型新能源汽车车身结构件模具正在加紧生产中。

2020年3月29日，习近平总书记来到宁波北仑大碶高端汽配模具园区考察，深入臻至模具的生产车间实地调研。

"受疫情影响，第二季度订单有所下滑。政府对我们进行了帮扶，减免水电费、员工社保等，让我们减轻负担。我们有信心渡过眼前的难关。"公司负责人告诉总书记，"接下来我们企业的目标是打造国际一流模具厂，实现人均产值150万元。"

热火朝天的车间，企业负责人坚定的信心，让总书记十分欣慰。

临走上车，总书记特意停下脚步对工人们说："看了你们企业的状态，我还是很高兴的。中国的民营企业、中小微企业，有活力、有灵性，有一股子精神，在你们企业身上也得到了体现。"

在随后听取浙江省委和省政府工作汇报时，习近平总书记谈及此行感受："危和机总是同生并存的，克服了危即是机。"

保持定力，增强信心，集中精力办好自己的事情，是应对各种风险挑战的关键。

位于福建省福州经济技术开发区的新大陆科技集团，如今正坚定走在科技创新的道路上，在数字支付技术、二维码识读技术、人工智能算法技术等方面不断突破。

"没有习近平总书记的关心，新大陆不会有今天。"回忆创业之初的经历，集团董事长胡钢十分感慨。

1993年底，创业一度陷入困境的胡钢和另一位创始人王晶萌生了向时任福州市委书记习近平同志报告的念头。没想到，联系后当天下午就得到回复，习近平同志邀请他们到办公室详谈。

得知企业落户福州经济技术开发区的初步计划后，习近平同志很支持，指示开发区抓紧对接，并叮嘱企业，一定要坚守创新，坚守实业，遇到再大的困难也要扛过去。

2014年11月，习近平总书记在福建考察期间来到新大陆科技集团，看到企业不断发展壮大，十分高兴："这充分证明了一个道理，那就是，走创新之路是我们国家、也是我们每个企业发展的必由之路。"

当前和今后一个时期，我国发展仍然处于重要战略机遇期，但机遇和挑战都有新的发展变化。

习近平总书记指出，准确识变、科学应变、主动求变，就一定能够抓住历史机遇、赢得发展先机。

2023年3月6日，习近平总书记看望参加全国政协十四届一次会议的民建、工商联界委员并参加联组会。

来自宁德时代新能源科技股份有限公司的曾毓群委员第一个发言，他向总书记汇报了企业研发新能源汽车动力电池，努力占领全球新能源产业制高点的情况。

"新兴产业如火如荼。对这个事，亦喜亦忧。"习近平总书记深思熟虑，"喜的是，我们这一行在全世界走在前头了；忧的是，就怕来个大呼隆，先是一哄而起，最后一哄而散。"

善于把握全局、着眼长远，才能抓住发展机遇，成就百年老店。

今年2月17日召开的民营企业座谈会上，习近平总书记指出，新时代新征程，我国社会生产力将不断跃升，人民生活水平将稳步提高，改革开放将进一步全面深化，特别是教育科技事业快速发展，人才队伍和劳动力资源数量庞大、素质优良，产业体系和基础设施体系配套完善，14亿多人口的超大规模市场潜力巨大，给民营经济发展带来很多新的机遇、提供更大发展空间。

坚定信心、振奋精神，鼓足干劲、克难奋进。

满怀创业和报国激情，勇担重任，善作善成，民营经济和民营企业必将开创春潮激荡千帆竞的崭新局面。

（新华社北京3月2日电）

《人民日报》（2025年03月03日　第01版）

党和国家对民营经济发展的基本方针政策不会变

——论学习贯彻习近平总书记在民营企业座谈会上重要讲话

人民日报评论员

"党和国家对民营经济发展的基本方针政策,已经纳入中国特色社会主义制度体系,将一以贯之坚持和落实,不能变,也不会变。"

在2月17日召开的民营企业座谈会上,习近平总书记发表重要讲话,充分肯定民营经济发展取得的重大成就和为国家经济社会发展作出的重要贡献,精辟概括并强调一以贯之坚持和落实党和国家对民营经济发展的基本方针政策,让广大民营企业和民营企业家吃下安心谋发展的"定心丸",为促进民营经济健康发展、高质量发展注入"强心剂"。

1980年,浙江温州的章华妹领到了第一张个体工商户营业执照。40多年来,改革开放激活一池春水、催生变革浪潮,为民营经济快速发展创造了前所未有的历史机遇;民营经济从小到大、由弱变强,伴随改革开放伟大历程蓬勃发展起来,在稳定增长、促进创新、增加就业、改善民生等方面发挥着不可替代的作用,成为推动我国发展不可或缺的重要力量。不论是谋发展、促创新、惠民生,还是稳大局、应变局、开新局,民营经济功不可没。

党的十八大以来,习近平总书记高度重视民营经济发展,鲜明提出"民营经济是我国经济制度的内在要素""民营企业和民营企业家是我们

| 民营经济：中国式现代化的重要力量 |

自己人"等重大论断，深化了我们党对发展民营经济的规律性认识。党的十九大把"两个毫不动摇"写入新时代坚持和发展中国特色社会主义的基本方略，党的二十大提出"优化民营企业发展环境，依法保护民营企业产权和企业家权益"，党的二十届三中全会围绕"坚持致力于为非公有制经济发展营造良好环境和提供更多机会的方针政策"部署一系列改革举措。我们党在认识上不断深化、战略上不断完善、实践上不断丰富，始终体现着"两个毫不动摇""三个没有变""两个健康"等大政方针，始终彰显着促进民营经济发展壮大的不懈追求。

新时代党和国家事业取得伟大成就，中国式现代化迈出坚实步伐，民营经济的发展活力极大激发、发展成绩更为显著、发展作用更加彰显。以加快培育和发展新质生产力为例，国家高新技术企业中民营企业从2012年的2.8万家增长至如今的42万多家，占比由62.4%提升至92%以上。从2024年新能源汽车产量突破1300万辆，到人工智能、数字经济等领域创新成果持续涌现，处处都能看到民营企业大显身手。实践证明，民营经济是推进中国式现代化的生力军，是高质量发展的重要基础，是推动我国全面建成社会主义现代化强国、实现第二个百年奋斗目标的重要力量。

改革开放特别是新时代以来的发展历程，充分表明"几十年来，关于对民营经济在改革开放和社会主义现代化建设事业中地位和作用的认识、党和国家对民营经济发展的方针政策，我们党理论和实践是一脉相承、与时俱进的"，深刻揭示我们党促进民营经济发展壮大的坚定决心、鲜明立场、坚强意志和战略定力。

在座谈会上，习近平总书记精辟概括党和国家对民营经济发展的基本方针政策，强调："党和国家坚持和完善社会主义基本经济制度，毫不动摇巩固和发展公有制经济，毫不动摇鼓励、支持、引导非公有制经济发展；党和国家保证各种所有制经济依法平等使用生产要素、公平参与市场竞争、同等受到法律保护，促进各种所有制经济优势互补、共同发展，促进非公有制经济健康发展和非公有制经济人士健康成长。"这些基本方针政策已经纳入了中国特色社会主义制度体系，体现在党章和宪法中，不是一时之举，而是长久之策，过去没有变，以后更不会变。新征程上，一以贯之坚持和落实党和国家对民营经济发展的基本方针政策，定能推动民营经济绽放新的光彩、作出新的贡献。

当前，身处中国式现代化建设的关键时期，民营经济迎来了更加广阔的发展前景。新时代新征程，广大民营企业和民营企业家要把思想和行动统一到习近平总书记重要讲话精神上来，正确理解党和国家对民营经济发展的方针政策，用好用足各项有利举措，坚定信心、振奋精神，鼓足干劲、务实创新，实现民营经济健康发展、高质量发展。

《人民日报》（2025年02月19日　第01版）

坚定信心，民营经济发展前景广阔、大有可为
——论学习贯彻习近平总书记在民营企业座谈会上重要讲话

人民日报评论员

"新时代新征程民营经济发展前景广阔、大有可为"。在日前召开的民营企业座谈会上，习近平总书记从中国式现代化建设全局的高度，深入分析当前民营经济发展面临的机遇和挑战，深切勉励广大民营企业和民营企业家"在困难和挑战中看到前途、看到光明、看到未来，保持发展定力、增强发展信心，保持爱拼会赢的精气神"。

民营经济是国民经济的重要组成部分，支持民营经济发展是党中央的一贯方针，促进民营经济发展壮大是长久之策。党的十八大以来，我国民营经济之所以能够取得长足进步，一个重要方面就在于始终坚持"两个毫不动摇"，保证各种所有制经济依法平等使用生产要素、公平参与市场竞争、同等受到法律保护，为民营经济发展壮大创造了良好条件、开辟了广阔空间。当前中国式现代化建设已经展开壮美画卷、呈现出无比光明的前景，我国民营经济只能壮大、不能弱化，我们有信心有能力保持经济持续健康发展，推动民营经济高质量发展不断迈上新台阶。

看发展基础，现在我国民营经济已经形成相当的规模、占有很重的分量，推动民营经济高质量发展具备了坚实基础。从规模数量来看，全国登记在册民营企业数量超过5500万户，民营企业在企业总量中的占比

在92%以上。从创新能力来看，民营经济贡献了70%以上的技术创新成果，成为我国科技创新的重要主体。从国产AI大模型赋能产业链，到人形机器人惊艳全球，都印证着民营经济规模实力、创新水平、市场竞争力的大幅提升。作为推进中国式现代化的生力军，民营企业必将在实现高水平科技自立自强、推动高质量发展中发挥所长、蓄势扬帆。

看发展舞台，我国民营经济发展正迎来新的机遇、更大发展空间。就拿14亿多人口的超大规模市场来说，随着"两新"政策加力扩围实施，进一步激发"有潜力的消费""有效益的投资"，拉动机械设备、新能源汽车、家电、零售等行业快速增长。新时代新征程，我国社会生产力将不断跃升，人民生活水平将稳步提高，改革开放将进一步全面深化，这些都蕴藏着巨大的发展潜能。用足用好人才队伍和劳动力资源数量庞大、素质优良，产业体系和基础设施体系配套完善等优势，抓住产业升级和消费升级的机遇，民营经济就能走向更加广阔的天地。

看发展保障，2023年出台的《中共中央国务院关于促进民营经济发展壮大的意见》涵盖了持续优化民营经济发展环境、加大对民营经济政策支持力度、强化民营经济发展法治保障等方面。去年以来，从完善民营企业参与国家重大项目建设长效机制，完善民营企业融资支持政策制度，到规范涉企行政检查，再到加快推进民营经济促进法立法进程，党的二十届三中全会部署的各项改革举措正在落地落实。中国特色社会主义制度具有多方面显著优势，社会主义市场经济体制、中国特色社会主义法治体系不断健全和完善，将为民营经济发展提供更为坚强的保障。

"当前民营经济发展面临的一些困难和挑战，总体上是在改革发展、产业转型升级过程中出现的，是局部的而不是整体的，是暂时的而不是长期的，是能够克服的而不是无解的。"习近平总书记的重要论断，把握我国发展大势，科学研判形势，为民营经济发展注入了信心和力量。机遇总是和挑战同生并存，决定未来前景的是看待困难的眼光、解决困难的决心、应对困难的办法。在风雨洗礼中壮大，最需要的是坚定信心、团结一心。只要把思想和行动统一到党中央对国内外形势的判断上来，统一到党中央对经济工作的决策部署上来，锐意创新、鼓足干劲，把各方面积极因素转化为发展实绩，就一定能共同开创民营经济发展新局面。

  前无古人的开创性事业，也是全体人民的共同事业，更是干事创业的时代舞台。现在政治环境、经济环境、社会环境十分有利于民营经济发展，广大民营企业和民营企业家大显身手正当其时！

《人民日报》（2025年02月20日　第01版）

扎扎实实促进民营经济健康发展、高质量发展

——论学习贯彻习近平总书记在民营企业座谈会上重要讲话

人民日报评论员

"扎扎实实落实促进民营经济发展的政策措施，是当前促进民营经济发展的工作重点。凡是党中央定了的就要坚决执行，不能打折扣。"在民营企业座谈会上，习近平总书记对当前和今后一个时期促进民营经济健康发展、高质量发展作了全面部署，特别是强调了5个方面的重点政策措施，再次释放出有力信号。

一段时间以来，随着存量政策和增量政策的有效落实，民营企业在生产经营、创新创业、信心预期等方面均有所改善，呈现稳步向好态势。"坚决破除依法平等使用生产要素、公平参与市场竞争的各种障碍""着力解决拖欠民营企业账款问题""切实依法保护民营企业和民营企业家合法权益""认真落实各项纾困政策""进一步构建亲清政商关系"，这5个方面的重点政策措施，着眼于解决民营企业反映比较集中的现实问题，体现了坚持问题导向和效果导向相统一的内在要求，具有很强的现实针对性和指导性。

市场准入是经营主体参与经济活动的前提，公平竞争是市场经济的基本原则。习近平总书记强调"坚决破除依法平等使用生产要素、公平参与市场竞争的各种障碍"，就是要给民营企业创造更加公平的发

展机会。

2023年出台的《中共中央国务院关于促进民营经济发展壮大的意见》，明确提出持续破除市场准入壁垒、全面落实公平竞争政策制度等政策举措，目的就是持续优化稳定公平透明可预期的发展环境。2024年中央经济工作会议把"出台民营经济促进法""开展规范涉企执法专项行动""制定全国统一大市场建设指引"等列为今年重点任务。党和国家对民营经济的方针政策是一以贯之的，也是十分明确的。

"一张清单"的变化非常典型。市场准入负面清单制度全面实施以来，历经4次动态修订，从151项压缩到了117项，养老、医疗等多个领域一大批准入限制得到放宽，让各类经营主体有更多活力和更大空间去发展经济、创造财富。当前，国家发展改革委等部门正在修订出台新版市场准入负面清单，落实好"非禁即入"要求，细化举措，持续推进基础设施竞争性领域、国家重大科研基础设施等向民营企业公平开放，支持民营企业积极参与"两重"建设和"两新"工作。把这些政策要求落地落细落实，既立足当下破解突出问题，又着眼长远构建长效机制，定能持续激发民营经济生机活力。

再看进一步构建亲清政商关系，这是营造良好政治生态、优化营商环境的重要保障。习近平总书记强调："全面构建亲清统一的新型政商关系，党员、干部既要关心支持民营企业发展，主动排忧解难，又要坚守廉洁底线。"党的二十届三中全会《决定》明确"全面构建亲清政商关系，健全促进非公有制经济健康发展、非公有制经济人士健康成长工作机制"，从体制机制建设上提出了更高要求。

把构建亲清政商关系落到实处，必须解决认识不到位、工作片面化简单化的问题。要深刻认识到，"亲"和"清"本质上是干事和干净的关系，是辩证统一的，完全可以并行不悖。各级干部要深刻懂得用权为民、担责成事、廉洁立身的道理，自觉把担当和自律统一起来，在构建亲清政商关系上亮明态度、付诸行动，做到亲而有度、清而有为。民营企业家也要心底坦荡地和干部交往，讲真话、说实情、建诤言，洁身自好走正道，遵纪守法办企业，光明正大搞经营，决不能利诱腐蚀干部。

支持民营经济发展是党中央的一贯方针。各级党委和政府要立足实际，统筹抓好促进民营经济发展政策措施的落实，看准了就抓紧干、不含糊不拖拉。把各项政策不折不扣落实，定能开创民营经济发展新局面，汇聚起推动我国经济高质量发展的强大动能。

《人民日报》（2025年02月21日　第01版）

民营企业和民营企业家勇担重任、善作善成

——论学习贯彻习近平总书记在民营企业座谈会上重要讲话

人民日报评论员

"要满怀创业和报国激情，不断提升理想境界，厚植家国情怀，富而思源、富而思进"。在民营企业座谈会上，习近平总书记着眼于中国式现代化建设全局，对广大民营企业和民营企业家提出殷切希望，强调要"胸怀报国志、一心谋发展、守法善经营、先富促共富，为推进中国式现代化作出新的更大的贡献"。

企业是经营主体，企业发展内生动力是第一位的。民营经济发挥推进中国式现代化生力军的作用，要靠广大民营企业和民营企业家敢作善为、善作善成。"满怀创业和报国激情""坚定不移走高质量发展之路""按照中国特色现代企业制度要求完善企业治理结构""坚持诚信守法经营""积极履行社会责任"，习近平总书记提出的5点要求，蕴含着党中央对民营经济健康发展和民营企业家健康成长的深切期待，指明了民营企业发展壮大的努力方向，鼓舞和激励广大民营企业家勇担时代重任，坚定做中国特色社会主义的建设者、中国式现代化的促进者。

高质量发展是新时代的硬道理，也是民营经济发展的必由之路。当前，我国经济向"新"而行、向"高"攀登，高质量发展成为全党全社会的高度共识和自觉行动，推动民营经济高质量发展具备坚实基础。民

营企业顺应这一趋势，在高质量发展中找准定位，走高质量发展的路子，定能在新的经济格局中保持竞争力。

一方面，民营经济是高质量发展的重要基础。近年来，从华为、比亚迪、宁德时代等企业通过科技创新推动产品迈向价值链中高端，到浙江、广东等地通过数字化转型培育民营经济增长点，再到深入开展"万企兴万村"、"百城千校万企"促就业等行动……我国民营经济在稳定增长、促进创新、增加就业、改善民生等方面发挥了不可或缺的作用。面向未来，期待广大民营企业和民营企业家积极投身构建新发展格局、推动高质量发展的生动实践，努力为推动科技创新、培育新质生产力、建设现代化产业体系、全面推进乡村振兴、促进区域协调发展、保障和改善民生等多作贡献。

另一方面，高质量发展对民营经济发展提出了更高要求。从开始的来料加工到创立自己的品牌，进而引领国际潮流，福建、浙江等地一些服装鞋帽方面的民营企业不断做大做强，很重要的原因就是几十年心无旁骛，一以贯之做这一行。实践告诉我们，坚守主业、做强实业，正是民营经济实现高质量发展的内在要求。当前，新一轮科技革命和产业变革风起云涌，推进中国式现代化要靠科技打头阵。期待广大民营企业和民营企业家自觉践行新发展理念，加强自主创新，转变发展方式，在推动科技创新和产业创新融合发展上用力，不断提高企业质量、效益和核心竞争力，专心致志把企业做强做优做大。

在座谈会上，习近平总书记对完善企业治理结构、重视企业接班人培养等提出明确要求，具有很强的现实针对性和指导性。制度是企业管理的基石，要打造百年老店，成为常青树，必须有先进的管理制度。特别是在数字经济与经济全球化深度融合的今天，只有不断优化、调整管理制度和治理结构，才能应对外部环境挑战、突破内部发展瓶颈、更好抓住发展机遇。要充分认识到加强企业管理制度建设的重要性，规范股东行为、强化内部监督、健全风险防范机制，不断完善劳动、人才、知识、技术、资本、数据等生产要素的使用、管理、保护机制。要深刻认识到只有素质一流才能办一流企业，高度重视企业接班人培养，有针对性地加以塑造和锻炼，让企业能够持续健康发展、薪火相传。

在改革开放大潮中奋勇争先，广大民营企业和民营企业家创造了辉煌历史。现在，促进民营经济健康发展、高质量发展使命光荣，推进中国式现代化需要挺膺担当，时代呼唤广大民营企业家谱写新的创业史。广大民营企业和民营企业家定能牢记嘱托，抓住时代机遇，保持爱拼会赢的精气神，务实创新、克难奋进！

《人民日报》（2025年02月22日　第01版）

一以贯之支持民营经济发展壮大

——促进民营经济高质量发展①

李 拯

有更健全的制度保障，有更给力的政策支持，有更公平的发展机遇，民营经济已经形成相当的规模、占有很重的分量，前景广阔、大有可为

一张清单的变化，意味深长。2015年，国务院印发《关于实行市场准入负面清单制度的意见》，改革市场准入管理模式，各类经营主体可依法平等进入清单之外的领域。

经过试点，2018年我国全面实施市场准入负面清单制度。此后，负面清单持续"瘦身"，禁止许可事项压减约23%。国家发展改革委近期表示，将尽快修订出台新版市场准入负面清单，进一步破除市场准入障碍。不断"瘦身"的负面清单，照见坚持和落实"两个毫不动摇"的体制机制不断完善，彰显党和国家一以贯之支持民营经济发展壮大。

在近日召开的民营企业座谈会上，习近平总书记强调："党和国家对民营经济发展的基本方针政策，已经纳入中国特色社会主义制度体系，将一以贯之坚持和落实，不能变，也不会变。"这一宣示，重申了党和国家支持民营经济发展壮大的鲜明立场，为推动民营经济高质量发展凝聚起广泛共识、树立起稳定预期。

2018年，社会上有的人发表了一些否定、怀疑民营经济的言论，一些民营企业在经营发展中遇到不少困难和问题。2018年11月，习近平总书记亲自提议并主持召开民营企业座谈会，体现了对民营企业始终如一的重视、关心、支持。"民营企业和民营企业家是我们自己人"的温暖话语直抵人心，起到了正本清源的作用。

2020年，新冠疫情防控期间，民营经济发展受到不小冲击。从数万亿规模的减税降费，到多措并举降低用能用地用工成本，一系列纾困惠企政策帮助广大民营企业渡过难关。真金白银的投入，紧要关头的托举，风雨来袭时的雪中送炭，生动诠释着何谓"不能变，也不会变"。

一些地方出现的乱收费、乱罚款、乱检查、乱查封以及违规异地执法和趋利性执法等问题，严重损害民营企业家合法权益，引发关注。对此，中央经济工作会议明确提出，"开展规范涉企执法专项行动"。对违规异地执法和趋利性执法行为亮剑，不仅是对法治权威的捍卫，更是对民营企业产权和企业家合法权益的有力维护。

近年来，促进民营经济发展的制度体系日益完善。在立法层面，民营经济促进法草案已提请全国人大常委会二次审议，将为民营经济发展构建法治化保障框架；在治理层面，国家发展改革委成立民营经济发展局，更好发挥统筹协调、综合施策功能，协调解决民营经济发展中遇到的重大问题，营造鼓励支持民营经济发展的良好环境。

新时代以来，我国民营经济规模实力、创新水平、国际竞争力持续提升。数据最直观，也最有说服力。2012年以来，登记注册的民营企业占全国企业总量由79.4%提高至92%以上，个体工商户由4000余万户增至1.25亿户以上，入围世界500强的民营企业大幅增加。有更健全的制度保障，有更给力的政策支持，有更公平的发展机遇，民营经济已经形成相当的规模、占有很重的分量，前景广阔、大有可为。

诚然，当前民营经济发展面临一些困难和挑战，但总体上是在改革发展、产业转型升级过程中出现的，是局部的而不是整体的，是暂时的而不是长期的，是能够克服的而不是无解的。越是面对困难和挑战，越要坚持和落实"两个毫不动摇"，扎扎实实落实促进民营经济发展的政策措施，为我国民营经济发展创造更多机遇、打开更大空间。

上海发布优化营商环境8.0版行动方案，安徽提出今年要新培育科技型中小企业3000家以上，甘肃开发建成全国法院首个营商环境信息平台……新春伊始，全国各地纷纷出台"硬核"举措，护航民营经济发展。统一思想、坚定信心，把党中央的决策部署不折不扣落到实处，就一定能为民营经济高质量发展创造更好环境、注入更强动力。

《人民日报》（2025年02月27日　第05版）

在广阔舞台上大显身手

——促进民营经济高质量发展②

李洪兴

广大民营企业奋发有为，不断提高质量、效益和核心竞争力，将更好激活经济高质量发展的"一池春水"

在挑战中寻光，在困难中破壁，在磨砺中蝶变，广大民营企业潜力无穷，定能不断打开新天地

有两条路，是民营企业发展的缩影。

一条路是杭温高铁义乌至温州段。这是我国第二条民资控股建设的高速铁路，铁路线进一步织密了长三角高铁网，也带动沿线城市的优质资源更好更快流动。参与重大工程，助推区域一体化发展，民企堪当重任。

一条路是雅万高铁。这是中国和印尼高质量共建"一带一路"的金字招牌。建设期间，湖北武汉锦华盛铁路机车有限公司承担了高铁铺轨时轨道和道砟的运输任务。参与重大战略，助力中国高铁走向海外，民企不负重托。

两条路，既拓宽了区域发展之路，也延展了扩大开放之路。作为参与者、贡献者的民营企业，不仅为他人修路，自身发展之路也越走越

宽广。

近日，在民营企业座谈会上，习近平总书记深刻指出："新时代新征程民营经济发展前景广阔、大有可为，广大民营企业和民营企业家大显身手正当其时。"现在，推动民营经济高质量发展具备坚实基础。前期积累、当下环境、未来预期，都有利于民营经济发展壮大。正如一位企业家坦言："中国市场是一片蓝海，只要有本事，总能找到适合自己的位置。"

民营企业和民营企业家何以可为？何以有为？

民营经济高质量发展有基础。浙江优基尔新型材料科技有限公司的产品，以前因环保原材料容易吸水，市场销路一度受限。得益于产学研结合，之江实验室帮其提升产品疏水性，公司市场份额随之扩大。"产学研贯通、上下游一体"的科创链条，助民营企业提高产品品质。今天的中国，人才队伍和劳动力资源数量庞大、素质优良，产业体系和基础设施体系配套完善，14亿多人口的超大规模市场潜力巨大……各领域各方面的成果，为民营企业提质增效升级提供了强有力支撑。

民营经济高质量发展有空间。从人工智能大模型惊艳世界到国产动画电影登顶全球动画电影票房榜，从新能源汽车产销量领跑全球到半导体产业逐步成长为"芯"势力……创新路上，不少民营企业"唱主角"。在发展新质生产力的火热实践中，无论是传统产业的改造升级，还是新兴产业的发展壮大，抑或未来产业的布局建设，都有很多待解的难题、未知的领域，这也意味着巨大的发展空间，为民营企业施展拳脚提供了广阔舞台。

民营经济高质量发展有保障。发展向好，关键是环境向优。不久前，上海发布优化营商环境8.0版行动方案，有针对性破解融资服务、监管检查、公平竞争、诉求处理、拖欠企业账款等突出问题。这从一个侧面说明，以改革为抓手，持续抓、长久改，疏堵点、除痛点，方能让民营企业心无旁骛谋发展。社会主义市场经济体制、中国特色社会主义法治体系不断健全和完善，为民营经济发展提供坚强保障，既维护秩序又激发活力，既保障权益又鼓励探索。

发展内生动力是第一位的，民营企业大显身手需主动作为。走大道、干大事，关键要有能动性，而不能"等、靠、要"。江苏时代新能源科技有限公司，平均一秒钟生产一个电芯，2.5分钟生产一个电池包。企业不断追求"极限制造"，通过技术引领、智能制造，始终在锂电行业保持领先。坚定做中国特色社会主义的建设者、中国式现代化的促进者，在科技创新"无人区"勇于探索，在产业转型升级上善作善成，在助力共同富裕上唯实争先，广大民营企业奋发有为，不断提高质量、效益和核心竞争力，将更好激活经济高质量发展的"一池春水"。

创新有支撑、成长有空间、制度有保障，民营经济发展前景广阔、大有可为。包括民营企业在内的广大经营主体，在国内国际两个市场中汲取养分，向阳而生、茁壮成长。在挑战中寻光，在困难中破壁，在磨砺中蝶变，广大民营企业潜力无穷，定能不断打开新天地。有理由相信，民营企业将在中国式现代化中发挥更大作用、展现更大作为。

《人民日报》（2025年02月28日　第05版）

保持爱拼会赢的精气神

——促进民营经济高质量发展③

彭 飞

爱国情、报国志，是一代代中国民营企业家刻在骨子里的基因，是拼搏奋斗的重要动力源泉

咬定一个目标、深耕一个领域，永葆"闯"的精神、"创"的劲头，不断超越自我、追求卓越，终能打开一片天地、成就一番事业

这次民营企业座谈会，让90后企业家——杭州宇树科技有限公司首席执行官王兴兴出了圈。

从上学时内向、偏科，到逐步发现对机器人的热爱并专注于此；从公司早期研发机器狗迟迟无法获得融资，到推出春晚扭秧歌的人形机器人而走红……有人说他"逆袭"，有人赞叹他的"开挂"人生，但无法忽略的是，他从未放弃梦想，始终拼搏进取，才创造了这家科技初创企业及相关前沿产品。

朝气蓬勃的王兴兴，正是中国青年的优秀代表，也是中国民营企业家的光荣一员。

日前，在民营企业座谈会上，习近平总书记勉励广大民营企业和民营企业家"要满怀创业和报国激情，不断提升理想境界，厚植家国情怀，

富而思源、富而思进，弘扬企业家精神"，鼓舞广大民营企业家保持爱拼会赢的精气神，胸怀报国志、一心谋发展、守法善经营、先富促共富，为推进中国式现代化作出新的更大的贡献。

爱国情、报国志，是一代代中国民营企业家刻在骨子里的基因，是拼搏奋斗的重要动力源泉。

2023年8月，随着第500万辆新能源汽车下线，比亚迪成为全球首个达到这一里程碑的汽车制造商。下线仪式上，比亚迪创始人王传福在演讲中几度哽咽、泪洒现场，他提到"中国品牌"的次数远多于"比亚迪"。演讲最后，大屏幕打出"在一起，才是中国汽车"，生动体现了产业报国、实业报国的情怀。

几代人的汽车梦，是与强国梦紧紧联系在一起的。中国新能源汽车的高光时刻，正是一大批民营企业家怀揣汽车强国梦想、用一点一滴汗水换来的。

今天，从倾力投入"卡脖子"技术攻关，到积极参与共建"一带一路"，再到在产品中加入更多中国元素……新时代民营企业家展现爱国情怀途径更多，践行报国之志舞台更广，也必将在与祖国同心同向中实现更大梦想、创造更大价值。

"市场活力来自于人，特别是来自于企业家，来自于企业家精神"。善于创新、敢闯敢干，是民营企业家有所作为的关键品格。

"一棵永远向上冲的玉米"，这是外界对山东登海种业股份有限公司创始人李登海的比喻。在他之前，中国玉米大多是平展型，产量始终上不去。李登海团队首先提出紧凑型玉米，孜孜不倦研究，总结出玉米高产栽培技术路线，先后7次创造我国夏玉米高产纪录，两次创造世界夏玉米高产纪录，将我国杂交玉米的高产能力提高一倍以上。

有太多企业家的故事启示我们：咬定一个目标、深耕一个领域，永葆"闯"的精神、"创"的劲头，不断超越自我、追求卓越，终能打开一片天地、成就一番事业。

为国为家、为己为人、勇往直前的民营企业家不仅成就自己，肩上也扛着沉甸甸的社会责任。

小米科技有限责任公司董事长雷军，公开许下"公司账上要为员工预留18个月工资，天塌不动"的诺言，与员工共进退，为他们的生计担责；

新希望控股集团有限公司董事长刘永好，设立专门的公益慈善基金会，开展乡村产业振兴、解决就业、绿领培训、小微帮扶、样板示范等五大工程，为乡村全面振兴添柴加薪；

福耀玻璃工业集团股份有限公司董事长曹德旺，将大量资金、时间和精力投入筹建福耀科技大学，为工程与科技人才培养尽心出力；

……

更不必说，每次有地方出现自然灾害，大量民营企业家总是第一时间捐款捐物，积极履行社会责任，用实际行动写下人间大爱、传递真情善意。

企业越大、责任越大，广大民营企业家饮水思源、感恩祖国、回报社会，定能在创造商业价值的同时更好创造社会价值，为经济社会发展作出更大贡献。

"三分天注定，七分靠打拼，爱拼才会赢……"闽南语歌曲《爱拼才会赢》传唱大江南北，至今仍是经典，鼓舞着许多人拼搏奋斗、勇毅向前。新时代中国，拥有广阔的市场空间、雄厚的产业基础、丰富的人才储备、坚实的政策支撑、良好的社会氛围……广袤土地处处皆是舞台、人人皆可成就梦想。对广大民营企业家来说，在困难和挑战中看到前途、看到光明、看到未来，保持发展定力、增强发展信心，追梦的步履不停、奋斗的脚步不歇，就没有看不到的风景，就没有抵达不了的远方。

爱拼才会赢，爱拼定会赢！

《人民日报》（2025年03月03日　第05版）

一 民营经济的重大成就和重要贡献

促进民营经济发展壮大　为推进中国式现代化贡献力量 / 高云龙

党领导民营经济发展和工商联工作的重大成就和历史经验 / 徐乐江

为什么说民营经济是社会主义经济 / 胡德巧

充分发挥民营经济在推动新质生产力和新型生产关系发展中的重要作用 / 王中汝　冯帆

促进民营经济发展壮大
为推进中国式现代化贡献力量

高云龙

《中共中央国务院关于促进民营经济发展壮大的意见》（以下简称《意见》）7月19日正式公布。《意见》开篇明义、首次提出：民营经济是推进中国式现代化的生力军，是高质量发展的重要基础，是推动我国全面建成社会主义现代化强国、实现第二个百年奋斗目标的重要力量。在全面建设社会主义现代化国家新征程上，我们必须深刻领悟以习近平同志为核心的党中央促进民营经济发展壮大的战略部署和决策意图，坚持社会主义市场经济改革方向，坚持"两个毫不动摇"，加快营造市场化、法治化、国际化一流营商环境，促进民营经济做强做优做大，在中国式现代化伟大进程中肩负起更大使命、承担起更重责任、发挥出更大作用。

深入领会民营经济在中国式现代化中的地位和使命

党的二十大报告明确指出，从现在起，中国共产党的中心任务就是团结带领全国各族人民全面建成社会主义现代化强国、实现第二个百年

高云龙，全国政协副主席、全国工商联主席。

奋斗目标，以中国式现代化全面推进中华民族伟大复兴。作为我们党长期执政、带领全国人民实现中华民族伟大复兴中国梦的重要力量，民营经济的发展壮大与高质量发展这个首要任务息息相关、与以中国式现代化全面推进中华民族伟大复兴这个中心任务紧紧相连。宏伟蓝图催人奋进，民企使命无上光荣，必将激励广大民营企业和民营经济人士在党的领导下砥砺前行，在新征程中再建新功。

蓬勃发展的民营经济是我们党成功推进和拓展中国式现代化的生动写照。改革开放以来，依靠党的政策和自身努力，我国民营经济从小到大、从弱到强，不断发展壮大，在稳定增长、促进创新、增加就业、改善民生等方面发挥了积极作用，既生动展现了我国社会主义现代化建设中企业兴、产业旺、就业稳、民生殷的美好画卷，又为持续推进中国式现代化积蓄了澎湃动能。从规模体量看，截至今年5月底，全国登记在册的民营企业已达到5092.76万户，与2012年相比，增长近4倍，在企业中的占比由79.4%增至92.4%。从经济贡献看，民营经济创造了50%以上的税收、60%以上的国内生产总值、80%以上的城镇劳动力就业。民营企业占据我国外贸半壁江山且保持稳健增长，今年1—7月，民营企业进出口占我国外贸总值由2012年的31.6%增至52.9%。从创新能力看，民营企业是科技创新的重要主体，贡献了70%以上的技术创新成果，在我国全球独角兽企业中占比超过90%、在国家级专精特新"小巨人"中占比超过80%，当前我国"四新经济"（新技术、新产业、新业态、新模式）民营企业已超过2500万户。实践充分说明，改革开放以来，特别是党的十八大以来，我们党在认识上不断深化，在战略上不断完善，在政策上不断优化，持续激发民营市场主体创新创造活力，持续解放和发展生产力，领导民营经济迈进高质量发展的快车道，进一步夯实了中国式现代化的物质基础。

民营经济助力中国式现代化道路越走越宽广。民营经济是坚持和发展中国特色社会主义的重要经济基础，自诞生之日起就肩负着实业兴邦、富国裕民的使命任务，承载着强国建设、民族复兴的宏大愿景。民营企业家都深知，强大的现代化国家是企业发展最坚实的后盾，实现高质量发展是企业在现代化建设中最重要的担当。广大民营企业要通过自身改革发展、合规经营、转型升级不断提升发展质量，努力把中国式现代化5个方面的鲜明特色转化为高质量发展的成功实践。立足"人口规模巨大"，努力做强做优做大。我国14亿多人口整体迈进现代化社会，规模之大前所未有。大有大的优势，意味着充足的人力资源和超大规模市场；大也有大的难处，吃饭、就业、住房、养老、托幼等民生事项，涉及的人群都是天文数字。民营企业要用足用好"人口规模巨大"的优势，开拓广阔蓝海，抢抓无限商机，开创美好未来。同时，努力做好产品与服务、积极创造就业岗位，为有效应对"人口规模巨大"带来的一系列难题和挑战发挥重要作用。立足"全体人民共同富裕"，让发展成果更多更公平惠及全体人民。全体中国人民共同富裕是中国式现代化的本质要求。在推进共同富裕的伟大实践中，民营企业和民营企业家既是受益者、更是实践者，要坚持以人民为中心的发展思想，不断健全员工工资合理增长机制，积极投身区域协调发展战略和乡村振兴战略，热心支持光彩事业和公益慈善事业，当好先富带后富、帮后富的致富带头人，为稳增长、稳就业、惠民生作出积极贡献。立足"物质文明和精神文明相协调"，更好满足人民美好生活需要。中国式现代化既要物质富足，也要精神富有。民营企业要进一步转变发展方式、优化产业结构、转换增长动力，用企业高质量发展厚植现代化的物质基础，夯实人民幸福生活的物质条件。

同时，顺应人民日益增长的精神文化需求，积极投入文化、旅游、体育、康养等幸福产业，创造社会精神财富，丰富人民精神世界，促进人的全面发展。立足"人与自然和谐共生"，加快绿色低碳转型。生态文明建设关乎中华民族永续发展和人类文明永续进步。中国式现代化走的是一条生产发展、生活富裕、生态良好的文明发展道路。广大民营企业要把绿色发展纳入长期战略，把绿色理念融入企业文化，加快研发绿色低碳技术和产品，加快融入和构建绿色产业链，积极开展节能降碳、生态保护、污染防治，助力落实"双碳"目标，为建设美丽中国作出积极贡献。立足"走和平发展道路"，助力高水平对外开放。中国走的是和平发展的人间正道，既发展自己，又造福世界，为民营企业国际化发展提供了广阔空间。广大民营企业要立足中国、放眼世界，积极参与全球范围内的产业分工和资源配置，积极参与高质量共建"一带一路"，努力提高中国产品、中国制造、中国品牌的全球竞争力和美誉度，以争创世界一流企业为目标引领，加快完成新的发展蝶变，为我国和平崛起和世界共同繁荣作贡献。

准确把握促进民营经济发展壮大的总体要求

支持民营经济发展是党中央的一贯方针。党的十八大以来，党中央、国务院先后出台了一系列重要文件，持续推动民营经济发展壮大。《意见》进一步对新时代新征程全方位推动民营经济发展作出重大部署，我们要准确把握促进民营经济发展壮大的总体要求，做到四个"并举"。

外优发展环境与内强企业素质并举。《意见》既重视环境外因，也强调企业内功。一方面，在优化市场环境、加大支持政策力度、强化法治保障等方面，提出了一系列长效举措。例如，建立市场准入壁垒投诉和处理回应机制，完善典型案例归集和通报制度，以解决市场准入隐性壁垒多、准入不准营等问题；完善支持政策直达快享机制，建立支持政策"免申即享"机制，以回应企业反映的有些优惠政策看得见、摸不着、落实不到位的"玻璃门"问题。另一方面，通过引导民营企业完善治理结构和管理制度、鼓励民营企业持续加大研发投入、支持民营企业参与国家重大战略等举措，促进民营企业科学管理、做强实业、转型升级、稳健经营，从而提升自身发展质量。

鼓励支持和依法规范并举。《意见》既讲政策支持和法治保障，也讲依法规范引导。一方面，创新性提出完善市场化重整机制，依照市场化、法治化原则，支持民营企业化解债务风险，帮助陷入财务困境但仍具有发展前景和挽救价值的企业涅槃重生。另一方面，依法规范和引导民营资本健康发展单列，完善资本行为制度规则，为资本设立"红绿灯"，推出一批"绿灯"投资案例，支持平台经济发挥作用。

民营经济健康发展和民营经济人士健康成长并举。《意见》注重协调促进"两个健康"。一方面，全面贯彻党的二十大关于完善中国特色现代企业制度的重要决策部署，提出引导民营企业完善治理结构和管理制度，明晰企业产权结构，支持民营企业加强风险防范管理、建立全面风险管理体系。另一方面，全面贯彻信任、团结、服务、引导、教育的方针，健全民营经济人士思想政治建设机制，培育和弘扬企业家精神，完善民营经济人士教育培训体系，全面构建亲清政商关系，促进民营经济人士高素质成长，夯实民营经济高质量发展的根基。

营造社会氛围与承担社会责任并举。《意见》既重视为民营经济发展营造良好社会氛围，也对民营企业自身社会责任提出明确要求。一方面，针对一些干扰民营经济发展的噪音杂音、恶意抹黑民营企业的敲诈勒索行径，旗帜鲜明提出营造正确认识、充分尊重、积极关心民营经济的良好社会氛围，建立部门协作机制，健全举报机制，依法严厉打击以负面舆情为要挟进行勒索等行为。另一方面，强调支持民营企业更好履行社会责任，探索建立民营企业社会责任评价体系和激励机制，鼓励民营经济人士展现遵纪守法、遵守社会公德的良好形象。

切实抓好促进民营经济发展壮大任务落实

促进民营经济发展壮大是一个涉及范围广、政策链条长、工作环节多的系统工程。我们必须坚持以习近平新时代中国特色社会主义思想为指导，持续推动落实《意见》精神，为民营经济发展壮大破冰除障、赋能加油、保驾护航。

促进公平竞争。持续优化稳定公平透明可预期的发展环境，才能充分激发民营经济生机活力。要持续破除市场准入壁垒，全面落实公平竞争政策，为民营经济开路、破冰、除障。同时，支持民营企业参与国家重大战略，投身新型城镇化、重大工程和补短板等领域，建立鼓励民间资本参与的重大项目清单，为民营企业打开建功立业的广阔天地。

增添发展动能。积极采取更加直接更加精准的政策举措，激发民营企业内生动力。完善政府采购制度，发挥首台（套）保险补偿作用，支持新产品进入市场；完善融资支持政策制度，健全企业信用评级和评价体系，支持符合条件的民营企业上市融资和再融资；推动涉企资金直达快享，推广惠企政策"免申即享"，完善拖欠账款常态化预防和清理机制，切实将政策红利转化为企业发展动力。

加强法治保障。紧扣平等保护，为民营经济发展营造良好稳定的预期。着力防范公权力不当行使对民营企业造成伤害，健全冤错案件有效防范和常态化纠正机制；着力防范不正当竞争、不友好舆论生态对民营企业的侵害，依法严厉打击侵犯知识产权等违法犯罪行为，依法严厉打击恶意抹黑行为；着力防范民营企业内部腐败行为，构建民营企业源头防范和治理腐败的体制机制。

推进现代治理。引导民营企业形成现代化的治理模式和运营方式，鼓励有条件的民营企业建立完善中国特色现代企业制度。培育和弘扬与现代化相契合的企业家精神，引导民营企业家增强爱国情怀，勇于创新、诚信守法、承担社会责任、拓宽国际视野，敢闯敢干，不断激发创新活力和创造潜能。

在促进民营经济发展壮大中更好发挥工商联作用

习近平总书记在今年全国两会期间指出，工商联要在大力提振民营企业发展信心、扎实推动民营经济高质量发展、积极引导民营企业履行社会责任这三个方面下功夫。我们将接续奋斗，以《意见》的发布实施为契机，立足本职、多措并举、积极作为，助力党中央决策部署落地落实。

着力加强政治建设，大力提振民营企业发展信心。进一步做好党的创新理论教育和形势政策宣讲，引导民营经济人士用习近平新时代中国特色社会主义思想武装头脑、谋划发展，持续传递党中央关于"两个毫不动摇"的大政方针，持续解读党和政府支持民营经济发展壮大的政策举措，让企业家从心底里感受到党中央对民营经济的重视和支持是长久之策，用务实举措稳定人心、鼓舞人心、凝聚人心。推动全面构建亲清政商关系，持续开展万家民营企业评营商环境工作，加大对优秀民营企业家的宣传力度，弘扬企业家精神，营造支持民营经济发展的浓厚氛围。

着力改进经济服务，扎实推动民营经济高质量发展。牢记"国之大者"，紧盯高质量发展这个首要任务，持续开展创新型成长型民营企业赋能行动，大力支持企业科技创新和数字化转型、绿色化发展。加强教育培训和典型示范，引导民营企业转变发展方式，不断增强稳健经营、合规经营的意识和能力，提升现代企业治理水平，有效防范化解经营风险，在高质量发展轨道上行稳致远。

着力强化价值引领，积极引导民营企业履行社会责任。聚焦乡村振兴、稳岗就业、公益慈善等领域，引导民营企业为缩小区域、城乡、收入差距发挥作用，在扎实推进共同富裕中作出更大贡献。深入实施"万企兴万村"行动，广泛发动民营企业投身乡村全面振兴；持续推动民营企业构建和谐劳动关系，让企业发展成果更公平惠及全体员工；积极开展民营企业边疆行、光彩行等活动，支持有意愿、有能力的民营企业在兴边富民中大显身手。

《学习时报》（2023年09月20日　第01版）

党领导民营经济发展和工商联工作的重大成就和历史经验

徐乐江

党领导民营经济发展和工商联工作的历史是党的百年探索奋斗史的重要组成部分。我国民营经济的发展，是在党的领导下开辟出来的一条道路，也是中国特色社会主义筚路蓝缕开出的一条路。我们党成立以来，坚持把马克思主义基本原理同中国具体实际相结合，在领导民营经济发展和工商联工作的实践中，逐渐走出了一条中国特色民营经济发展道路。

实践探索

百年来，党领导民营经济发展和工商联工作可以分成以下几个大的阶段。

改革开放前的探索。大革命时期，毛泽东等排除"左"的干扰，在苏区范围内鼓励私人工商业发展。抗日战争和解放战争时期，党中央在总结以往经验教训的基础上，制定并执行了保护民族工商业、团结民族工商业者的新民主主义经济政策，为夺取中国革命胜利和成立新中国凝

徐乐江，中央统战部副部长，全国工商联党组书记、常务副主席。

聚起了更广泛的力量。新中国成立初期，党确立并执行了"公私兼顾、劳资两利、城乡互助、内外交流"的"四面八方"的经济建设总方针，实行在国营经济领导下多种经济成分并存的制度，为巩固新生的人民政权和迅速恢复国民经济发挥了至关重要的作用。社会主义改造基本完成后，逐步形成了"一大二公三纯"的所有制格局，私营经济逐渐趋于消亡。

在领导中国革命和新中国建设过程中，我们党注重把民族工商业者组织起来，做好对他们的团结引导工作。在抗日根据地和解放区，就成立了一些人民政府领导下的商会。毛泽东在西柏坡时首次提出了成立工商业联合会的设想。1949年8月，党中央正式作出成立工商业联合会的决定。政务院于1952年8月公布《工商业联合会组织通则》，全国工商联于1953年10月正式成立。各级工商联在筹建和成立初期，通过卓有成效的工作，在协助党和政府扶持工商业恢复发展、推进社会主义改造、团结教育工商业者等方面发挥了积极作用。

改革开放和社会主义现代化建设新时期的开拓实践。党的十一届三中全会开启了改革开放和社会主义现代化建设新时期，也开启了民营经济成长发展的道路。改革开放之初，邓小平提出一部分地区、一部分人可以先富起来，带动和帮助其他地区、其他的人，逐步达到共同富裕，同时对原工商业者提出"钱要用起来，人要用起来"。随着允许从事修理、服务和手工业等个体劳动政策的出台，强调"一定范围的劳动者个体经济是公有制经济的必要补充"，特别是党的十三大提出鼓励个体私营经济发展，十四大确立社会主义市场经济体制的改革目标，十五大确立社会主义初级阶段基本经济制度，十六大首次提出坚持"两个毫不动摇"（毫不动摇巩固和发展公有制经济，毫不动摇鼓励、支持、引导非公有制经济发展），民营经济发展的政策环境、市场环境不断改善。民营经济实现了持续快速发展。

这一时期，适应民营经济不断发展的新形势，党中央就加强工商联工作、发挥工商联作用，作出一系列重要指示和部署。1988年8月，党中央批准设立全国工商联党组。1991年，党中央批转中央统战部《关于工商联若干问题的请示》，把工商联工作重心转移到做民营经济人士工作上来。2010年，党中央、国务院联合印发《关于加强和改进新形势下工商联工作的意见》，明确了工商联工作的指导思想、基本原则、工作对象和主要任务，工商联事业发展站上了新的历史起点。

中国特色社会主义新时代的创新发展。党的十八大以来，以习近平同志为核心的党中央高度重视民营经济发展，习近平总书记作出系列重要论述，就民营经济发展和企业家队伍建设发表重要讲话，推动民营经济领域的理论政策实现新的重大发展和完善。在思想理论层面，首次鲜明提出民营经济是我国经济制度的内在要素、民营企业和民营企业家是我们自己人；民营经济始终是坚持和发展中国特色社会主义的重要经济基础、民营经济人士始终是我们党长期执政必须团结和依靠的重要力量等重大论断；在基本方针层面，多次重申"两个毫不动摇""三个没有变"（非公有制经济在我国经济社会发展中的地位和作用没有变，我们毫不动摇鼓励、支持、引导非公有制经济发展的方针政策没有变，我们致力于为非公有制经济发展营造良好环境和提供更多机会的方针政策没有变），确定信任、团结、服务、引导、教育的"十字"方针。在主要任务和政策层面，党中央、国务院先后就加强产权保护、弘扬企业家精神、优化营商环境、支持民营企业改革发展、构建亲清政商关系、加强民营经济统战工作等，作出专门部署。在党中央统一领导下，民营经济不断加快转型升级步伐，进入了追求高质量发展的新阶段。

这一时期，适应新时代更好促进"两个健康"（非公有制经济健康发展和非公有制经济人士健康成长）的需要，党中央进一步加强对工商联工作的领导，推进工商联改革发展。一方面，按照中央党的群团工作会议、全国民营经济统战工作会议部署，以"强三性"（增强政治性、先进性、群众性）"去四化"（去除机关化、行政化、贵族化、娱乐化）为着力点，积极推进各级工商联改革，激发了工商联组织活力。另一方面，遵照习近平总书记关于"统战工作要向商会组织有效覆盖"的重要指示，中办、国办联合印发《关于促进工商联所属商会改革和发展的实施意见》，推动商会组织发展和作用发挥迈上新台阶。

主要成就

百年来，在党的事业不断发展过程中，民营经济和工商联事业发展水平也不断实现新的跃升。尤其是党的十八大以来，在党的领导下，民营经济发展和工商联工作取得一系列新的重大成就。

民营经济领域治理体系日趋完备，党对民营经济的领导全面加强和完善。改革开放以来，特别是党的十八大以来，我们党不断探索领导民营经济的有效方式和途径，推动民营经济领域治理体系不断健全和规范。在决策机制方面，各级党委政府建立了促进民营经济和中小企业发展的领导机制，政府有关部门建立了涉企政策制定征询民营企业和商会代表意见制度，民营经济领域决策科学性和施策有效性显著增强。在法治保障方面，制定和修订相关法律法规，加大反垄断、反不正当竞争执法力度，依法支持、保护、规范民营经济发展的能力水平不断提升。在统战

一、民营经济的重大成就和重要贡献

工作方面，出台《关于加强新时代民营经济统战工作的意见》，召开全国民营经济统战工作会议；依托各级党委统战工作领导小组建立民营经济统战工作协调机制，完善政企沟通协商制度，丰富和完善了党领导民营经济的实现方式。在党的建设方面，持续扎实推进党的组织和党的工作在民营企业与商会组织中的全覆盖，积极探索发挥党组织作用和新型公司治理、现代商会治理有机融合的有效方式，为加强党对民营经济的领导提供了坚实的组织基础和政治保障。

民营经济发展水平和作用贡献大幅跃升，为坚持和发展中国特色社会主义提供了重要经济基础。改革开放40多年来，我国民营经济从小到大、从弱到强，不断发展壮大，贡献了50%以上的税收，60%以上的国内生产总值，70%以上的技术创新成果，80%以上的城镇劳动就业，90%以上的企业数量。党的十八大以来，广大民营企业践行新发展理念，主动参与供给侧结构性改革和国家重大战略实施，助力统筹新冠肺炎疫情防控和经济社会发展，在总体规模和实力实现新跨越的同时，加快转入高质量发展轨道。这充分展示了民营经济发展的水平和质量，充分说明了民营经济为我国经济社会发展所作出的重要贡献，充分证明了民营经济已经成为我们党团结带领全国人民实现"两个一百年"奋斗目标和中华民族伟大复兴中国梦的重要力量，成为坚持和发展中国特色社会主义的重要经济基础。

民营经济人士队伍持续壮大、素质不断提高，成为我们党长期执政的重要依靠力量。目前，我国私营企业出资人和个体工商户已超1.5亿人，相比2012年的5190万人，年均增长超过12%。在新时代的伟大实践中，广大民营经济人士听党话、感党恩、跟党走的自觉意识不断增强，现代经营管理水平不断提高，积极响应国家号召，扎实构建和谐劳动关系，深度参与精准扶贫、乡村振兴，积极参与社会公益慈善事业，协同参与社会治理，为全面建成小康社会作出了重要贡献。民营企业家用实际行动证明了"自己人"论断的科学性、正确性，民营经济人士始终是我们党长期执政必须团结和依靠的重要力量。

工商联和商会改革发展深入推进，促进"两个健康"的组织基础得到有力夯实。经过长期发展，工商联系统构建起了由32个省级工商联、346个市级工商联、2832个县级工商联和5万多家各类商会组成的体系。特别是党的十八大以来，随着工商联改革深入推进，工商联系统合力显著增强，基层建设质量有力提升，"五好"（政治引领好、队伍建设好、商会发展好、作用发挥好、工作保障好）县级工商联比例达到50%，"四好"（政治引领好、队伍建设好、服务发展好、自律规范好）商会建设加速推进，为促进"两个健康"奠定了坚实基础。

历史经验

回顾我们党探索开辟中国特色民营经济发展道路的百年历程，成就来之不易，经验弥足珍贵。我们要准确把握这条道路的科学内涵和本质特征，按照党指引的方向，不断开创促进"两个健康"工作新局面。

党的领导是根本保证。民营经济是改革开放以来在党的方针政策指引下发展起来的，是改革开放的重要成果。党的十八大以来，促进"两个健康"的工作不断取得新突破和重大成就，根本在于以习近平同志为核心的党中央的坚强领导。面向未来，必须始终坚持党的统一领导，大力支持民营经济走向更广阔舞台，坚决防止资本无序扩张，牢牢把握"两个健康"正确方向，引领民营经济和广大民营经济人士在全面建设社会主义现代化国家新征程中作出更大贡献。

促进共同富裕是目标方向。我们党自成立之初，就确立了为中国人民谋幸福、为中华民族谋复兴的初心使命，并不断为之奋斗。改革开放以来，党和国家之所以坚定不移鼓励支持引导民营经济发展，根本目的也在于践行初心使命。党的十八大以来，我国综合国力和人民生活水平稳步提升，民营经济作出了重要贡献。只有坚持以高质量发展为目标，以促进共同富裕为己任，民营经济才能行稳致远。面向未来，要引导民营经济坚持以人民为中心的发展思想，以创新为动力，以依法合规为保障，在实现高质量发展中更加扎实地促进共同富裕。

一切从实际出发不断推进理论创新是内在要求。党的十一届三中全会以来，我们党坚持解放思想、实事求是，一切从实际出发，制定和实施了改革开放的总方针、总政策，并在发展中逐渐认识到民营经济的不可替代性，在实践中不断推动理论创新、制度完善和政策优化，才有了民营经济和民营经济人士队伍不断发展壮大的良好局面。党的十八大以来，习近平总书记结合新时代新形势对民营经济发展和工商联工作作出的一系列新论断新要求，把我们党对"两个健康"的规律性认识提升到了新境界。面向未来，必须立足新发展阶段，着眼构建新发展格局，不断推进民营经济领域的实践和理论创新，更好地促进"两个健康"。

坚持"两个毫不动摇"是制度基石。我们党在领导中国革命、建设和改革的实践中，探索形成了以公有制为主体，多种所有制经济共同发展的所有制结构，进而把坚持"两个毫不动摇"方针纳入新时代坚持和发展中国特色社会主义的基本方略。实践充分证明，国有经济和民营经济都是我国经济社会发展的重要基础，相辅相成、相得益彰。面向未来，必须始终坚持"两个毫不动摇"，不断夯实坚持和发展中国特色社会主义的经济基础。

加强思想政治建设是重要前提。习近平总书记强调，非公有制经济要健康发展，前提是非公有制经济人士要健康成长。民营经济人士的政治素质、政策素养和价值取向，不仅与其健康成长直接相关，而且深刻影响着他们对企业发展方向的把握、发展战略的制定和经营管理的提升，直接决定着整个民营经济发展的质量和水平。加强思想政治建设，凝聚民营经济领域思想共识，始终是促进"两个健康"的首要任务。面向未来，必须全面贯彻信任、团结、服务、引导、教育的方针，持续深化民营经济人士理想信念教育，一手抓鼓励支持，一手抓教育引导，既关注他们的思想，又关注他们的困难，引导广大民营经济人士加强自我学习、自我教育、自我提升，做爱国敬业、守法经营、创业创新、回报社会的典范。

推进市场化改革是强大动力。改革开放以来，我们党带领人民创造性地建立了社会主义市场经济体制，促进了要素市场、商品流通市场的快速发展，推动了价格机制、竞争机制的形成和完善，为民营经济发展创造了巨大的市场空间。面向未来，必须持续推进市场化改革，充分发挥市场在资源配置中的决定性作用，更好发挥政府作用，推动构建亲清政商关系，不断优化营商环境，充分激发民营企业活力。

大力弘扬企业家精神是活力之源。企业家是经济活动的重要主体。市场活力来自于人，特别是来自于企业家，来自于企业家精神。改革开放以来，我国经济发展能够创造中国奇迹，民营经济和民营企业家功不可没。民营经济迈向高质量发展的过程，就是民营企业家砥砺奋进、创业创新的实践过程，就是企业家精神成长成熟、传承弘扬的最好见证。面向未来，必须进一步营造企业家健康成长环境，大力弘扬企业家精神，更好发挥企业家作用,让广大民营企业家安心、专心、放心地促创新、谋发展。

充分发挥工商联和商会作用是必要途径。工商联是以民营经济和民营经济人士为主体的人民团体和商会组织,是党和政府联系民营经济人士的桥梁纽带,是政府管理和服务民营经济的助手。工商联及其所属商会作为民营经济统战工作的重要依托,在促进"两个健康"中具有不可替代的优势。面向未来,必须坚持政治建会、团结立会、服务兴会、改革强会,积极探索彰显统战性、经济性、民间性有机统一优势的组织体制、运行机制和活动方式,不断增强工商联的凝聚力、执行力、影响力。

《学习时报》(2021年12月06日　第01版)

为什么说民营经济是社会主义经济

胡德巧

改革开放40多年来，我国不断深化所有制改革和调整所有制结构，民营经济从无到有、从小到大快速发展，成为社会主义现代化建设的重要力量。但是，由于对民营经济性质定位模糊不清，理论创新出现明显乏力，民营经济进一步发展壮大面临的深层次问题难以根本解决。2024年1—10月，笔者在与浙江大学和湘潭大学有关学者、与民营企业家和民营经济人士，以及在其他场合交流时，把学习《共产党宣言》所有制理论与中国具体实际相结合，提出和说明了民营经济是社会主义经济的观点。先后在《改革内参》《中国民商》《民营经济内参》《发改参考》等刊物和中国理论网、中宏网、中国民商网、中国中小企业协会网等媒体，发表了关于民营经济是社会主义经济的文章。为什么说民营经济是社会主义经济？现就几个重点问题做进一步讨论。

胡德巧，国家发展改革委原司长、研究员。

一、发展民营经济是坚持走中国特色社会主义道路的成功实践和宝贵经验

在社会主义初级阶段，发展民营经济是我们坚持走中国特色社会主义道路的正确选择。坚持马克思主义，是要在坚持的基础上发展，在发展的基础上创新。我国现阶段的社会主义与马克思恩格斯设想的社会主义有很大不同。《共产党宣言》和经典著作中的社会主义是要"消灭私有制"，建立单一的生产资料公有制，不允许有其他任何非公有制经济形式与之同时并存，并且不允许搞商品生产、市场经济等。这是马克思恩格斯根据当时发达资本主义生产力状况，在分析国际工人运动发展趋势和人类社会发展规律基础上得出的基本结论，是为全世界革命无产者和未来理想社会指明的长远目标和前进方向。这无疑是科学的、正确的。而我国社会主义是在生产力水平十分落后的半殖民地半封建社会基础上建立起来的，这就决定了我们在相当长时间处于社会主义的初级阶段。从这个国情和实际出发，我们选择要走的路，只能是不同于其他任何国家的中国特色社会主义道路。

40多年改革发展，我国取得举世瞩目的伟大成就。但是，我们仍然是一个发展中大国，仍然处在社会主义初级阶段，仍然要在中国特色社会主义道路上继续探索前进。目前，我国的总体生产力水平还不高且不平衡，社会的主要矛盾是人民日益增长的美好生活需要和不平衡不充分的发展之间的矛盾，社会的劳动产品还远未丰富到按需分配的程度，地区间、城乡间、人群间还远未达到共同富裕的程度。这就是说，客观条件注定我国现阶段的所有制结构还远不能实现单一的生产资料公有制，而是要继续在很长时间坚持公有制经济和各种所有制经济优势互补、共

同发展。这就是理论联系实际,就是马克思主义的精髓和活的灵魂,就是马克思主义保持蓬勃生机和旺盛活力的奥秘。

社会主义社会不是一成不变的,马克思主义不是一成不变的,"消灭私有制"的理论不是一成不变的。社会主义社会"是经常变化和改革的社会"。马克思主义理论是发展着的理论,"而不是必须背得烂熟并机械地加以重复的教条"。同样必须指出,"消灭私有制"的理论不适合中国特色社会主义初级阶段实践,不适合中国特色社会主义现代化建设实践。如果对马克思主义一知半解、机械教条,就不能解决中国实际问题。如果不进一步解放思想和继续与时俱进,不在新的起点上实现新的理论突破,民营经济就不能得到更好的发展。

在《共产党宣言》和其他经典著作中,虽然找不到发展个体、私营等民营经济的理论依据,但是,我们不能以此为由把发展民营经济与搞社会主义和发展马克思主义对立起来。学习和运用《共产党宣言》,目的是要从中国具体实际出发,注重解决中国实际问题。明确民营经济的社会主义性质和放开手脚发展社会主义民营经济,是解决中国实际问题在理论和实践上的重大飞跃,是开辟马克思主义中国化时代化新境界的新经验、新成果。

二、《共产党宣言》和其他经典著作没有社会主义发展民营经济的现成答案和理论依据

发展民营经济是中国特色社会主义的独门原创。这在《共产党宣言》和所有经典著作中没有现成的理论依据,并且这是不允许的。有理论家认为,经典著作中提出的"重新建立个人所有制"是我们发展民营经济

的依据;《共产党宣言》中的"消灭私有制"应该译为"扬弃"私有制,这个"扬弃"也是我们发展民营经济的依据。这完全是误解。

马克思《资本论》中说的社会主义"重新建立个人所有制",并不是要重新建立生产资料私有制,或重新建立个体经济和私营经济。针对资本主义社会工人除了劳动力以外既无生产资料又无生活资料的情况,马克思提出要在重新建立公有制的基础上,"重新建立个人所有制"。这个公有制是指"高级得多、发达得多"的社会主义生产资料公有制,这里的"个人所有制"是指在实现社会主义公有制基础上,工人通过劳动能够获得丰富的生活资料、享受资料和发展资料,而不仅仅是以往那种维持劳动力再生产的生存资料。德国哲学家、经济学家杜林把马克思的"个人所有制"误解成了生产资料所有制的范畴,认为既然是"公共占有"怎么又是"个人所有",这是"所有制的混沌世界"和"深奥的辩证法之谜"。恩格斯在《反杜林论》中批判了他的错误观点。很明显,马克思的"个人所有制"不是生产资料所有制的概念,而是生活资料或消费资料在社会劳动分配层次方面的概念。实现这样的"个人所有制",是与实现单一的公有制相一致的。因此,这个"个人所有制"并不是我们发展个体经济、私营经济的理论依据。这里还需知道,社会主义初级阶段还达不到生产资料单一公有制和与之相适应的生活资料"个人所有制"的水平。

《共产党宣言》和其他经典著作从未说过社会主义是"扬弃"私有制。百余年来,中央编译局和陈望道、华岗、博古等人,在用不同语种和不同时期的《共产党宣言》中译本中,都一致译为"消灭私有制"或"废除私有制",并未译为"扬弃"私有制。"扬弃"私有制,意味着社会主义要继续保留、发扬部分私有制。这对于马克思恩格斯来说是绝对不可能的。在所有经典著作中都不是"扬弃",都是"消灭"或者"废除",并且是完全彻底,不留余地。马克思从早期的《共产主义和奥格斯堡＜总汇报＞》到最后的巨著《资本论》,一生都在致力于开展政治经济学批判,都始终主张"消灭私有制",坚持批判"扬弃"私有制的空想社会主义思想。同样,恩格斯一生最大愿望和"心满意足"的地方,也是在于"消灭私有制",把全部生产资料转归社会所有。

认为"消灭私有制"应该翻译为"扬弃"私有制的依据,可能是来自马克思在《1844年经济学哲学手稿》中说的一句话:"共产主义是对私有财产即人的自我异化的积极的扬弃"。这句话中的"共产主义",是指傅立叶、蒲鲁东"受私有财产的束缚和感染"的小私有制"共产主义",是"扬弃"私有财产的"粗陋的共产主义"思想。他们的这种"共产主义","是私有财产的卑鄙性的一种表现形式"。马克思对这种"共产主义"进行了坚决批判。用马克思这句话作为《共产党宣言》和其他经典著作为社会主义"扬弃"私有制进而又把"扬弃"私有制作为我们今天发展民营经济的依据,这都是理论家们的误解。必须记住,马克思恩格斯的态度,始终不在于"扬弃"私有制,"不在于改变私有制,而在于消灭私有制"。

三、提出民营经济是社会主义经济性质理论拥有的客观条件和依据已经完全成熟

提出民营经济是社会主义经济和明确民营经济社会主义性质的理论,是马克思主义指导和运用于我国社会主义现代化建设的时代篇章,是坚持中国特色社会主义的理论创新和制度创新,符合实际,非常及时,意

义重大。明确民营经济社会主义性质的定位，这绝不是凭空臆想和无中生有，而是大势所趋，并且实践经验和客观条件已经成熟。现在提出这一理论，就像是日常生活中大家都期盼捅破的"窗户纸"一样，一下子使人豁然开朗，彻底觉悟。笔者相信，这将会在社会各界产生"一石激起千层浪"的反响。

我们走的是中国特色社会主义道路，在所有制问题上，为什么一定要从经典著作中寻找现成答案？为什么一定要照抄照搬苏联模式？为什么就不能有中国特色？实践证明，脱离实际搞建设这条路必然走不远，走不通。往日极为深刻而痛苦的教训，我们不敢轻易忘记。

提出民营经济是社会主义经济的理论依据到底在哪里？这个依据不在天边，就在眼前。这就是改革开放创新成功实践所拥有的成熟的经验、条件和依据：社会主义初级阶段理论、中国特色社会主义理论、中国化时代化的马克思主义理论，党的十一届三中全会至二十届三中全会所有制改革理论、基本经济制度理论和"两个毫不动摇"理论。把这些已经被实践检验证明是正确的理论，作为确定民营经济是社会主义经济性质的依据，能够使历史唯物主义在中国得到实际运用和固本强基。其实，1997年党的十五大提出的"公有制为主体、多种所有制经济共同发展，是我国社会主义初级阶段的一项基本经济制度"，即提出和坚持社会主义基本经济制度，就几乎认可了民营经济是社会主义性质的经济。归根结底一句话：中国特色社会主义伟大实践是提出民营经济是社会主义经济这一理论的源泉。当然，在这些扎实理论依据基础上，我们还要进一步解放思想，彻底排除传统所有制教条束缚，对民营经济继续在理论认识上守正创新，让民营经济在中国特色社会主义道路上迈开新的脚步。

四、必须充分肯定超过全国经济"半壁江山"的民营经济是社会主义经济

明确民营经济的社会主义性质，是一个关系到什么是社会主义、怎样建设社会主义和要不要坚持中国特色社会主义的重大理论和实践问题。在中国共产党的正确领导下，适应社会主义现代化建设需要，我国民营经济不断发展壮大。实践经验证明，如何发展民营经济和以什么样的态度对待民营经济，根本的是理论认识问题。你怎样认识它就怎样发展，你认识多少它就发展多少，认识越深刻发展就越好。然而，至今仍有个别人对发展民营经济心存偏见，怀疑这是不是在搞社会主义，甚至存在一些抵触情绪。对这种典型的受教条主义束缚的思想意识，我们一要坚决批判，毫不留情；二要立场坚定，旗帜鲜明。要理直气壮地告诉他们：发展民营经济是在搞社会主义，是在搞中国特色社会主义。

目前，我们发展的民营经济已经超过全国经济的"半壁江山"，你能说这"半壁江山"不是社会主义，难道是资本主义？在民营企业就业占全国80%以上近6亿广大劳动人民，你能说他们不是在干社会主义，难道是在干资本主义？民营经济在税收、科技、投资、外贸、GDP等方面为经济社会发展作出了巨大贡献，你能说这不是为社会主义建设作出的贡献，难道是为资本主义建设作出的贡献？民营企业拥有的庞大劳动大军和占全国70%以上的技术创新能力，你能说这不是推进中国式现代化向前发展的基本新质生产力，那又是什么？是否承认民营经济是社会主义性质的经济，这是判断真假马克思主义的试金石。如果不承认民营经济是社会主义经济，不承认发展民营经济是在搞社会主义，那他就不是一个真正的马克思主义者，而是一个中国式的空想社会主义者。

五、当今世界存在的民营经济和国有经济不是资本主义和社会主义的区别

民营经济和国有经济本身不具有独立的社会性质，它们的属性是由国家的社会性质决定的。个体经济、私营经济、国有经济等与商品、货币、交换相伴而生，紧密联系，古今中外都是如此，并非资本主义所特有。在现今世界，不管是社会主义国家还是资本主义国家，各自都既有国有经济又有民营经济。据资料，美国、意大利、德国、法国、卢森堡、津巴布韦、瑞典、挪威的国有经济的占比分别为11.4%、25%、29%、30%、54%、66%、68%、72%。同样，现有社会主义各国，都有个体、私营等民营经济。有的资本主义国家国有经济的比重超过社会主义国家国有经济的比重，有的社会主义国家民营经济的比重超过资本主义国家民营经济的比重。

民营经济和国有经济不是资本主义与社会主义的区别。民营经济多一点或少一点、国有经济多一点或少一点，也不是资本主义与社会主义的区别。国有经济不等于社会主义，资本主义也有国有经济。民营经济不等于资本主义，社会主义也有民营经济。作为经济社会发展重要基础的民营经济和国有经济，其属性决定于所在国家是资本主义国家还是社会主义国家。资本主义国家的民营经济和国有经济是资本主义性质的经济，社会主义国家的民营经济和国有经济是社会主义性质的经济。中国共产党领导的中国特色社会主义条件下的民营经济和国有经济，都是社会主义性质的经济。

六、民营经济是在我国改革开放中发展起来的充满活力的社会主义新型经济形式

我国现有民营经济是改革开放的产物。1978年改革开放前，全国非公有制经济在工业总产值所有制结构中的比重只有0.2%，在国民经济所有制结构中的比重只有1%。可见，公有制经济几乎成了单一的所有制，非公有制经济基本被消灭。这使我国经济遭到巨大损失，生产力遭到严重破坏，社会主义建设走了一段不该走的弯路。其根本原因，是长期坚持过"左"的指导思想，长期把马克思主义教条化。党的十一届三中全会把党和国家的工作重心转移到经济建设上来，实现了指导思想的拨乱反正，使社会主义各项建设事业走上正确发展道路。

经过40多年改革开放，我国社会主义民营经济已经发展成为社会主义现代化建设的重要力量，成为全国税收、投资、就业、外贸、科技创新、国内生产总值等在经济结构中的主体部分。与以往任何时候的民营经济不同，我国现有民营经济之所以具有社会主义性质的特征，是因为它是在中国共产党的领导和党的改革发展方针政策指引下逐步发展壮大起来的。如今，民营经济（民营企业）和国有经济（国有企业）一样，都是自己人，都是共和国经济大厦和社会主义大家庭中的顶梁柱。

在社会主义初级阶段条件下，民营经济是一种具有中国特色的社会主义经济性质和制度基础的新型经济形式。中国境内除国有和国有控股、外商和港澳台商独资及其控股企业以外的多种所有制经济，都统称为民营经济。现有的国有民营经济、个体经济、私营经济、混合所有制中的民营部分、在国内与外资和港澳台资合作的经济、民营科技经济、农民

专业合作社、个人创业等，都是民营经济的具体形式。在国民经济的结构比重中，民营经济早已超过国有经济。目前，民营经济还在继续发展。截至2024年9月底，全国民营经济主体达18086.48万户，占经营主体总量的96.37%，同比增长3.93%，10余年间增长超过4倍。其中民营企业5554.23万户（增长6.02%），个体工商户12532.25万户（增长3.03%）。民营经济主体在服务业中尤为集中。

七、从理论创新入手为社会主义民营经济高质量发展增强信心注入新的动力

近几年，国际形势严峻复杂多变，国内经济内生动力和有效需求不足，平稳运行和保持在合理区间压力加大。民营经济发展困难重重，民间投资持续下降。2022年，民间投资增长0.9%，是多年来增长最低。2023年，民间投资逐季度下滑，全年下降0.4%。从投资比重看，2023年民间投资所占比重为50.4%，比2012年的65.4%减少了15个百分点，年均减少1.5个百分点。2024年前三季度，民间投资同比下降0.2%。对于这种不容乐观的形势，必须引起高度重视。扭转这种局面的关键是要调整和完善投资结构，放开投资市场准入，建立各种所有制主体一律平等的投资制度、竞争机制和法律法规。

目前，民营经济高质量发展面临诸多困难和矛盾的深层次原因，归纳起来主要是"三缺"：缺理论、缺法律、缺信心。理论方面，对民营经济发展的理论储备严重不足，理论创新已经发生严重枯竭，受传统所有制教条束缚的思想观念仍未完全消除；法律方面，没有给民营经济社会主义性质应有的法律地位，民营经济仍然被排斥在社会主义经济制度基

础的大门之外，民营企业合法财产法律保护有待于加强；信心方面，投资方向不够明朗，市场风险越来越大，行政干预有增无减，各种检查过多，政策波动频繁，民营企业对市场、对政府的信心开始下降。必须从理论创新入手，用法律制度保护，为民营经济发展注入新的动力，增强战胜困难的信心。

40多年来，我们为发展民营经济出台了很多政策，做出了很大努力，取得了显著成效。这是必须充分肯定的。但是，似乎总是感觉还有些什么问题没完全理顺，一直在找的"定心丸"也好像没有找到。如果从理论源头上明确民营经济的社会主义性质，并且把这一理论见之于法律，民间投资、民营企业和民营经济发展面临的各种难题说不定就会迎刃而解。

八、发展社会主义民营经济迫切需要建立市场化水平更高的体制机制

提高社会主义经济的市场化水平，是为了保障民营经济（民营企业）依法平等使用资源要素、公平参与市场竞争，促进各种所有制经济优势互补、共同发展。民营经济和国有经济是社会主义经济的组成部分，是社会主义市场经济的组成部分，是中国特色社会主义经济的组成部分。各种所有制经济都要尊重市场竞争规律，都需要加快市场化改革和建立市场化水平更高的体制机制。在资源配置方面，不管是对国有经济还是民营经济，都要进行资源要素的市场化配置。

让市场决定资源配置是构建高水平社会主义市场经济体制的主要标志。2013年党的十八届三中全会作出决定："使市场在资源配置中起决

定性作用"。这是经过25年改革探索取得的重大突破性成果，来之不易。11年来，党中央、国务院一直在强调和重申这一点。但是，各地各部门对中央这一决策部署并没有完全贯彻落实到位。不仅如此，有的地方甚至出现市场决定资源配置越来越少、政府决定资源配置越来越多的现象。如果让这种现象继续蔓延下去，计划经济体制将会死灰复燃。政府权力过大，配置资源过多，作用发挥过头，容易滋生多方面问题，这对民营经济、国有经济发展和社会主义现代化建设都是有害的。

为更好贯彻落实中央决策部署，要尽快研究制定关于市场决定资源配置的顶层方案和相应法律法规，建立严格检查问责整改工作机制。做好这一工作，有利于构建高水平社会主义市场经济体制，有利于打破垄断和无序竞争，有利于切实转变政府职能，有利于遏制发生各种腐败问题。

九、民营经济是社会主义经济性质的定位要求宪法作出最高法律制度规定

要把明确民营经济是社会主义经济性质的理论创新成果，转化为政策，上升到法律和宪法。适应改革发展和现代化建设需要，对民营经济这一新型经济制度形式、民营经济是社会主义经济性质的定位、民营企业的权利和义务、民营企业合法财产保护等，都要通过宪法规章固定下来。根据宪法新制定的《民营经济促进法》（草案），也会反过来对宪法提出要求，倒逼宪法自我完善。同时，要清理不利于民营经济发展的法律法规和行政命令，该废止的废止，该完善的完善。各地各部门对民营企业的生产、经营、投资、税收等经济活动实行统一的法律管理，禁止

各种五花八门的行政干预。

2018年最新版本宪法有几处可考虑修改完善。首先，关于"民营经济""民营企业"两个概念要求在宪法中出现。党中央、国务院对民营经济发展高度重视，多年来连续出台了多个关于促进民营经济发展的政策性文件，这两个概念在文件中频繁出现。因此，这两个概念及相关内容可写进宪法。

宪法第6条规定："社会主义经济制度的基础是生产资料的社会主义公有制，即全民所有制和劳动群众集体所有制"。宪法中有关所有制方面内容，这一条管总，特别重要。但是，现行宪法这种表述，与1954年宪法相比变化不大，而这种认识完全是在苏联所有制模式影响下形成的，早已不适应我国社会主义初级阶段国情和实际。从现实情况看，作为中国经济"半壁江山"的民营经济，它和国有经济一样，都是社会主义经济和社会主义市场经济的重要组成部分，都是中国特色社会主义基本经济制度的重要内在要素，都是改革发展稳定、推进中国式现代化和实现民族复兴伟业的物质基础和制度基础。如果没有了民营经济，把民营经济排斥在社会主义经济之外，社会主义经济制度的基础就不稳固，社会主义现代化强国建设就难以实现。

宪法第11条规定："个体经济、私营经济等非公有制经济，是社会主义市场经济的重要组成部分"。这一句不完全对。因为公有制经济也是社会主义市场经济的重要组成部分。党的十八届三中全会《决定》指出："公有制经济和非公有制经济都是社会主义市场经济的重要组成部分"。同样认为：国有经济和民营经济都是社会主义市场经济的组成部分，也是社会主义经济的组成部分。宪法第6条和第11条，把社会主义经济与社会主义市场经济严格区别开来，然后把国有经济和集体经济划归社主义经济，把个体、私营等非公有制经济划归社会主义市场经济，这完全是计划经济体制时期做法的延续。

宪法第12条规定："社会主义的公共财产神圣不可侵犯"。根据"两个毫不动摇"基本方略和大政方针，可以明确"两个神圣不可侵犯"，让各种所有制经济同等受到法律保护。在修改宪法继续规定公有制经济（国有经济、集体经济）的财产神圣不可侵犯的同时，也要规定民营经济（民营企业）的合法财产神圣不可侵犯。

关于宪法中的"全民所有制"概念，是从苏联照搬而来的，与中国国情和实际不相适应。马克思恩格斯从来没有提出和使用过"全民所有制"概念。从党的十五大到二十大，已经停止使用这一概念。国家统计部门在统计指标中、市场监管部门在企业重新登记时，都已放弃使用这一概念。因此，宪法新修正时对这一概念不必再保留。

十、社会主义初级阶段这100年完成后还要继续发展壮大民营经济

社会主义初级阶段理论是坚持全面深化改革和社会主义现代化建设的总的指导方针和理论原则，也是中国特色社会主义民营经济发展的根本遵循和理论依据。1981年6月，党的十一届六中全会《关于建国以来党的若干历史问题的决议》首次提出，"我们的社会主义制度还处于初级的阶段"。1987年10月，党的十三大详尽阐述了"社会主义初级阶段"理论。社会主义初级阶段从20世纪50年代到21世纪中叶，明确至少需要上百年时间。实践证明，提出初级阶段的理论是完全正确的。改革开放取得的巨大成就，从一定意义上说，是我们党坚持初级阶段理论和促

进多种所有制经济共同发展取得的。

初级阶段这个100年，现在已经过去60多年，到21世纪中叶还有30多年。现在看来，这30多年对于发展包括民营经济在内的多种所有制经济显然是不够用了。坚持走中国特色社会主义道路需要更长时间，发展民营经济需要更长时间。我们不需要经历资本主义社会阶段，但可以把社会主义初级阶段延长。纵观历史和分析判断发展未来，社会主义初级阶段至少还需要100年时间。为巩固社会主义现代化强国地位，在社会主义初级阶段的第二个100年（不管这100年是否还叫初级阶段），仍然需要继续发展多种所有制经济，仍然需要继续发展壮大民营经济。

《中国经贸导刊》2024年第17期

充分发挥民营经济在推动新质生产力和新型生产关系发展中的重要作用

王中汝　冯　帆

生产力和生产关系，是历史唯物主义和马克思主义政治经济学的基本概念。习近平总书记坚持马克思主义基本原理，立足新时代中国特色社会主义建设具体实际，提出发展新质生产力、形成新型生产关系的理论主张，在新的历史条件下丰富和发展了历史唯物主义和马克思主义政治经济学。深刻领会和把握新质生产力和新型生产关系的科学内涵，为新时代中国特色社会主义经济建设尤其是民营经济的发展壮大提供科学支撑，是理论界的迫切任务。

一、新质生产力与新型生产关系：马克思主义的话语创新

历史唯物主义认为，生产力是体现于物质生产过程中的人们控制和改造自然的物质力量，标志着人类改造自然的实际能力和水平；生产关系是人们在生产过程中形成的关系，包括三个方面的内容：生产资料所

王中汝，中共中央党校（国家行政学院）科学社会主义教研部副主任、教授、博士生导师；冯帆，中共中央党校（国家行政学院）马克思主义学院博士研究生。

有制、生产中人与人的关系、产品分配关系。一定水平的生产力，要求、决定与之相适应的生产关系。一定形式的生产关系，促进或阻碍生产力的实现和发展。归根到底，起主要作用的是生产力。

（一）新质生产力

新质生产力是高水平社会化的生产力。人类生产力的变迁，经过了一个漫长的从个人生产力到社会生产力的过程。在前工业社会，个人生产力占主导地位，只能创造出有限的物质财富。到了工业社会，个人生产力经过机器运用、劳动分工、生产协作，跃升为社会生产力。在这里，"社会"是相对"个人"而言的，揭示了人与人之间的密切联系，尤其是陌生个体之间在物质生产、财富创造上的客观联系。个人生产力跃升为社会生产力，是生产力质的飞跃——从1+1=2，飞跃到1+1>N。个人生产力跃升为社会生产力，关键因素是18世纪中叶以来三次科技革命催生的以生产工具变革为牵引的产业变革。现阶段，新一轮科技革命继续深入发展，人工智能等技术领域不断取得重大突破，数据等新生产要素不断优化配置，生产力的社会属性更加鲜明。

新质生产力的本质是先进生产力。首先，体现在物的层面。马克思指出，劳动资料是"人类劳动力发展的测量器"，"各种经济时代的区别，不在于生产什么，而在于怎样生产，用什么劳动资料生产"。作为最重要的劳动资料，生产工具对生产力的发展有特殊作用。使用什么样的生产工具，就具有什么样的生产力。前工业社会，无论是最早的石头和树枝，还是后来的青铜器和铁器等生产工具，都只能以个人生产力的形式参与生产过程。到了工业社会，蒸汽机和电动机先后被用作生产工具，使人类摆脱了千百年来对畜力、风力等自然力的依赖，提升了人类的物质资料生产效率,生产力水平大幅提升。新质生产力则是以大数据、云计算、人工智能等新兴技术产品为生产工具,相较于传统生产工具有了质的飞跃,不但改造提升了传统工业,更重要的是培育发展了数智化新兴工业,把人类社会生产推向了一个新阶段。二是劳动对象层面。劳动对象是现实生产的必要前提,人类对劳动对象的开发程度影响劳动产品的质量和数量。农业劳动主要以自然物为劳动对象,传统工业劳动主要以经过改造的自然即人化自然为劳动对象,科学技术的发展进步使劳动对象的范围和内容日益拓展。伴随新质生产力的生成,劳动对象发生了极大变化。一方面,传统劳动对象表现出高新技术化,尤其是数智化特征,极大增强了人类对传统劳动对象的利用程度;另一方面,开发了新能源、新材料等新的劳动对象,尤其是数据等非实体形态的新型生产要素,在数字经济时代释放出巨大生产效能。过去不曾成为生产资料的事物,例如空气,因为科学技术的进步,也成为新的生产资料,如制造氢气等。新质生产力,打开了人类生产力发展的无限空间。

新质生产力是高素质劳动者充分发挥作用的生产力。在马克思看来,"最强大的一种生产力是革命阶级本身"。劳动者的发展程度,尤其是掌握科学技术、先进工具的知识素养与能力,决定了对物质资源的开发程度和广度。即便是体现生产力发展程度的科学技术和生产工具,也是人的"自然的肢体"的延长。能够应用现代机器、具备先进知识和能力的劳动者,可以从事复杂劳动和脑力劳动,在同样的劳动时间内创造更多价值,甚至可以完成简单劳动无法开展的生产活动,使生产效率显著提升。

相对前资本主义社会的个人生产力,资本主义社会的生产力迈出了初步社会化步伐,原料和工具的购买、产品的生产和销售都在全社会范围内进行。尽管如此，资本主义制度下的社会化大生产，具有根本的资本属性或不彻底的社会属性，即形式上社会化了但实质上却归资本所有、受资本支配。人类社会进入人工智能时代，先进的科学技术，为具备彻底社会属性的新质生产力发展，提供了坚实物质条件。

（二）新型生产关系

人类社会生产力的变化，必然引起生产关系的相应变化。发展新质生产力，要求积极培育新型生产关系。

生产力从个人生产力跃升为社会生产力，与之相适应，由个人主导的简单、狭隘的生产关系，也会跃升为社会主导、覆盖面大小不同的社会生产关系。在个人生产力占统治地位的前工业社会（前资本主义社会），个人占有在个体所能支配限度内的小生产资料，占有相应的简单劳动工具，同时享有有限的满足自己及直接统治者生存的劳动成果。在个人所有制之外，至少在前资本主义的欧洲，还存在以某种共同体为基础的所有制形式。在这种所有制下，尽管存在这样那样的复杂的等级或阶级分化，但他们之间的关系同样是简单的、狭隘的，表现为单向的统治－从属关系。工业社会（在马克思、恩格斯那里，即资本主义社会）的生产关系，较之前的历史时期有了很大区别。在资本主义社会，过去由劳动者个人使用的生产资料与劳动工具，变为由众多的劳动者共同使用，或者说社会化地使用。小规模的生产资料，也因资本的集聚作用变为大规模的生产资料；单个人的劳动过程，由于社会分工的发展，变成必须由多人合作完成的社会劳动过程。社会化了的生产关系，适应了社会化的生产力发展，极大提高了劳动效率，创造出前所未有的物质与精神财富。在这个意义上，资本主义生产关系，相对前资本主义社会的生产关系，是一种带有鲜明社会属性的"新型生产关系"。

相对个人主导的生产关系，资本主义社会的生产关系，尤其是生产资料与劳动工具的使用，有了明显的社会化特征，但是二者的所有权却保留了旧形式——个人（私人）所有和支配。如此，就导致了劳动成果的个人（私人）所有，以及马克思、恩格斯批判的"生产力的资本属性"——在产品生产过程上具有社会属性，但劳动力再生产成本（工资）之外的新价值（剩余劳动），却归生产资料和劳动工具（资本）的所有者所有，而非社会化的劳动职能的承担者——劳动者共同所有并支配。生产资料、劳动工具的个人（私人）所有，不顾它们的使用已经社会化的现实，在资本主义"新型生产关系"中被保留了下来。换言之，资本主义的"新型生产关系"，就生产资料与劳动工具的使用以及劳动过程而言，兼具新的"社会"形式与实质，但就生产资料、劳动工具与劳动成果的所有方面，却保留了旧的个人（私人）所有的"质"，或者说仅仅具有"社会"的形式而无实质。在资本主义时代，如同社会生产力相对个人生产力是质的飞跃，资本主义生产关系相对前资本主义社会的生产关系，也是一种质的飞跃，但却是一种部分的、不彻底的质变。正是这种不彻底性，使资本主义发展到一定阶段，尤其是工人阶级作为一个阶级完全成熟之后，陷入自我否定、自我毁灭的重重矛盾困境。

生产力与生产关系间的矛盾，是一个社会决定其他矛盾的基本矛盾。在《社会主义从空想到科学的发展》中，恩格斯揭示了资本主义社会基本矛盾是"社会化生产和资本主义占有"之间的矛盾，指出这种矛盾的主要表现：在社会领域是无产阶级和资产阶级之间的对立，在生产领域是个别工厂中生产的组织性和整个社会中生产的无政府状态之间的对立。马克思、恩格斯认为，在自身限度内，资本主义基本矛盾可以通过国有制、社会保障、托拉斯等得到缓和，但只要资本仍然占据统治地位，矛盾就无法根本解决。资本主义基本矛盾的根本解决办法，是联合起来的劳动者，变生产资料个人（私人）所有为共同占有，祛除资本主义条件下社会生产力的资本属性，实现其真正的社会性质。

资本主义生产关系的变革，决非主观想象的产物，而是资本主义自身演变的结果。扬弃资本主导的新的生产关系的萌芽，已经在资本主义内部产生。无产阶级的历史使命，是通过社会变革，为新的生产关系萌芽的顺利成长，创造政治社会条件。在当代中国，在新一轮科技变革的支撑下，新质生产力初步显示出旺盛生命力，形成与之相应的新型生产关系。正因如此，党的二十届三中全会提出，要"健全因地制宜发展新质生产力体制机制"，"健全相关规则和政策，加快形成同新质生产力更相适应的生产关系"。这样的生产关系，克服了资本主义条件下生产的社会化与劳动成果的个人（私人）所有之间的矛盾，具有鲜明的社会主义性质；区别于计划经济条件下以国有制和集体所有制为主要内容的生产关系，具有显著时代特征。体现人民当家作主的政治地位，充分调动人民劳动创业积极性，保障人民最大限度地享有劳动成果，是中国新型生产关系重要的内在规定性。

（三）新型劳动者

讨论新质生产力与新型生产关系，一定不能离开人这个社会生产主体。生产力是人的生产力，生产关系是人的生产关系。无论在历史上还是在现实中，都不存在与人无关的生产力和生产关系。与此同时，劳动者是生产力中最革命的因素。新质生产力与新型生产关系的发展，关键在于新型劳动者的培育与生成。

一、民营经济的重大成就和重要贡献

人的发展水平与社会生产力的发展水平密切相关。在前工业社会（前资本主义社会），人对自然的认识有限，只能通过简单劳动工具与自然进行简单物质变换。血缘地缘等自然联系占主导地位，人与人的社会联系薄弱。低下的个人生产力和狭隘的生产关系，决定了人的发展的历史局限性。站在主体的角度来看，生产力的低下与生产力中人的发展的低水平密切相关。

到了工业社会（在马克思恩格斯那里是资本主义社会），由于自然科学的进步、交通工具的改进与地理大发现，普遍交往在民族国家与世界范围内逐渐形成，资本主义私有制和市场经济创造了空前的物质财富。人的发展，无论是在享有自由还是由多样性决定的全面性方面，相较于之前的历史时期都大大加速。最大的成就是，资本主义创造的物质财富，在人类历史上第一次为人的自由全面发展，提供了充分的现实可能性。但是在资本主义条件下，由于生产资料私有制与强制性社会分工，以及私有制和市场自发性、盲目性所导致的不能理性、明智地运用先进科学技术控制社会生产进程，人的发展受到自己创造的物——包括资本和市场——的束缚与摆布。马克思、恩格斯据此认为市场成为异己力量，列宁在十月革命后也认为必须防止"市场统治"即生产的无政府状态的统治，均主张用体现人的理智的计划取而代之。科学技术的革命性突破，人类运用科技创新成果认识和改造世界和自身能力前所未有的提升，是变革资本主义社会的技术与人的前提。

依照马克思、恩格斯的看法，只有实现了资本主义变革，包括生产资料社会所有、社会生产计划调节，人的自由全面发展的可能性才能变为现实。此时的人，相对过去一切历史时期的人，是"新人"——共同占有生产资料、共同劳动、共同享有劳动成果、有计划地规划社会生活、自由地发展生产力。新的生产资料所有制、新的社会生产机制、新的人，使主客体在更高层面上实现新统一。马克思、恩格斯的时代已经过去一百多年，他们的很多具体论断尚没有实现，但大的历史趋势，包括发达资本主义国家的历史演进，验证了他们基本理论观点的正确性。生产资料的社会化程度在不断提高，生产力的资本属性也有了复杂变化，至少在发达国家内部生产力的资本属性受到社会力量的一定限制。人的发展在教育卫生、预期寿命、社会福利与保障、经济社会发展的计划性等方面，都有了长足进展。当然，资本主义的变化并非整体性、全局性的质的变化。

当今时代是信息、数字、人工智能的时代，数据等成为新的生产资料，人工智能成为新的劳动工具，人类认识和改造世界的能力也随之有了新变化。与土地等有形的自然存在的实体性生产资料不同，数据作为生产资料是人造的、非实体性的，但却是客观的现实存在。数据的生产是高度社会化的，但数据的使用与所有，是否具有相匹配的社会化特征，即为社会利益而使用、被社会所共有？这个问题，需要深入研究。但毋庸置疑的是，人工智能不管发展到什么程度，都具有生产工具的属性。由人制造出的人工智能，且不论会否反过来压制人、带来新的异化，无疑会大量地取代既有人的工作。尽管新的业态会不断出现，但马克思、恩格斯当年担心的机器取代人而导致的"失业大军"的幽灵，存在着重现危险。被人工智能取代了的人，失去就业机会，靠什么为生？国家的失业救助等社会保障，能否运行一个积极有活力的社会？人这个生产力中最革命的因素，在新的历史条件下，通过什么样的生产关系，特别是所有制形式，来确证自己？所有这些，与当代中国发展新质生产力、形塑新型生产关系的任务密切相关。无论是新质生产力还是新型生产关系，都要把新时代的劳动者及其劳动就业、教育培训、社会保障等，放在核心位置。

习近平总书记所强调的新质生产力的基本内涵，即"劳动者、劳动资料、劳动对象及其优化组合的跃升"，把劳动者放在首位，内在地凸显了人在新质生产力与新型生产关系中的作用与地位。中国社会的社会主义性质，要求紧紧围绕人的发展这个核心并通过人的发展，来推动新质生产力的发展与新型生产关系的形成。

二、我国民营经济的新质生产力与新型生产关系属性

中国的社会主义，建立在农民小生产占统治地位、商品经济不发达的基础之上。新民主主义革命胜利后，我们仿照苏联模式，通过行政手段建立了单纯的生产资料公有制（包括国有制和集体所有制）与计划经济体制。在客体即物的层面上，我们完成了所有制与经济运行机制变革，但在主体即人的层面上，却留下了一系列问题。自上而下的行政强制，极大地限制了劳动者能动性的发挥。用邓小平的话说，就是"把整个社会和人民的手脚都捆起来了"。公社制、单位制以及对自由流动、职业选择的限制，把人置于简单、狭隘的关系之中。尽管实现了劳动产品的全民占有，但却是低水平的平均主义式的分享。改革开放以前，我们的生产力与生产关系的社会化水平，都具有比较初级的、浅层次的特点。在改革开放中成长起来的民营经济和市场体制，开创了中国特色社会主义经济发展新局面。

（一）改革开放以来民营经济的突出贡献

改革开放破除了国有制与计划经济一统天下的局面。在生产关系方

面，个体经济、民营经济成长起来；在经济运行体制机制方面，市场经济成长起来，并取代了过去的计划经济体制。

民营经济作为新的所有制经济，在中国特定环境中，与马克思、恩格斯当年描述的资本主义私有制经济不同。资本主义私有制经济在其原始积累阶段，充斥着对劳动者的剥夺，充满了血和泪。在中国社会主义土壤中成长起来的民营经济，大部分是劳动者自己通过辛勤劳动孕育出来的，是我们党让一部分人、一部分地区通过诚实劳动和合法经营率先富裕的政策下成长起来的。民营经济和市场经济体制，为人民过上好日子而奋斗增添了强大内生动力和根本实现途径。在这个过程中，中国人民充分发挥了自己的聪明才智与勤劳苦干精神，自由、自主、自立、自强的独立个性得到极大解放。

与行政强制下的社会化相比，产生于国有制和计划经济夹缝中的民营经济与市场经济体制，代表了更高层次的社会化方向。马克思、恩格斯之所以主张计划调节社会生产，根本原因是资本主义条件下市场经济的盲目性、自发性，尽管市场在人类历史上扮演着十分重要的生产社会化纽带作用。计划调节社会生产，是社会化大生产发展到一定程度的内在要求，是对市场调节的辩证否定，而且以人的高度发展为必要前提——唯有高度发展的人，才能用集体智慧与理性有计划地调节社会生活。我们当前所处的历史阶段，还不是马克思、恩格斯设想的不存在市场经济、单靠计划调节社会生活的"自由王国"。"社会主义初级阶段商品经济（市场经济）的运行过程中必然会出现一定层面上的似自然性和物役性现象，但这些现象不再以资本主义生产方式那种特有的对抗性表现出来。在社会主义条件下，商品经济与生俱来的消极因素可以被减少到最低程度，这也是我们在落后的物质生产水平上推动历史进步所必须付出的代价。"防范商品经济的消极因素,就是我们始终强调的社会主义可以集中力量办大事在物质生产上的体现。

在改革开放历史进程中,当代中国形成了具有自己特色的社会主义经济制度,包括公有制为主体、多种所有制经济共同发展的所有制结构,按劳分配为主体、多种分配方式并存的分配制度,以及社会主义市场经济体制。在多种所有制经济中,民营经济的地位与作用尤为显著。习近平总书记明确提出,现阶段,民营经济贡献了"50%以上的税收,60%以上的国内生产总值,70%以上的技术创新成果,80%以上的城镇劳动就业,90%以上的企业数量"。近年来,全国登记在册民营企业数量占比呈总体上升趋势,民营企业发展表现出良好势头。他强调,"民营经济是我国经济制度的内在要素",是"推动社会主义市场经济发展的重要力量,是推进供给侧结构性改革、推动高质量发展、建设现代化经济体系的重要主体,也是我们党长期执政、团结带领全国人民实现'两个一百年'奋斗目标和中华民族伟大复兴中国梦的重要力量"。因此,"把公有制经济巩固好、发展好,同鼓励、支持、引导非公有制经济发展不是对立的,而是有机统一的。公有制经济、非公有制经济应该相辅相成、相得益彰,而不是相互排斥、相互抵消"。

习近平总书记的重要论述,明确了民营经济的社会主义属性与地位作用,阐明了传统的公有制经济尤其是国有制经济与民营经济有机统一的辩证关系,为民营经济的健康发展、新质生产力与新型生产关系的形成,明确了方向,提供了基本遵循。

(二)民营经济是新质生产力与新型生产关系的重要载体

马克思、恩格斯生产力和生产关系理论的核心概念是"社会化"。尽管"社会"的界限规定具有历史性,但相对单个人(私人)而言,"社会"的含义却是非常明确的,即不是单个人占有生产资料、单个人劳动、单个人占有劳动产品。我国民营经济的状况很复杂,包括雇佣人数很少的小微企业,也包括体量庞大的头部企业。我们就以有充分代表性的华为、腾讯、小米、京东等头部企业为例,在探析其社会化程度的基础上,阐释民营经济蕴含的新质生产力和新型生产关系。

首先,民营企业在生产力层面呈现高度社会化特征,突出表现为信息工具的高度社会化使用。生产资料的社会化使用是发展生产力的关键,恩格斯提出,"要是不把这些有限的生产资料从个人的生产资料变为社会化的即只能由一批人共同使用的生产资料,就不能把它们变成强大的生产力"。生产工具的社会化使用,是区分生产力水平的显著标志。无论是华为和小米这类以通信业务为主的高端制造业,还是腾讯和京东这类互联网企业,都是借助信息技术革命飞跃发展起来的,其生产工具主要是"以网络化、自动化、智能化的信息网络机器体系为主体的信息工具",包括计算机技术、网络技术、大数据技术等。信息工具有高度的开放性和共享性,可以在一定时空范围内被多个主体共同应用于生产活动,极大地增强了生产社会化程度。例如,大数据汇集海量的数据信息,各个企业可以对这些信息进行专业化分析,根据处理结果选择符合企业利益的最优发展方式。

其次,民营企业具有高度社会化的生产关系,集中体现在所有制关系问题上。生产关系中最基本的、具有决定意义的是所有制关系。例如,就资本主义生产方式而言,马克思指出"资本主义生产方式的基础是:生产的物质条件以资本和地产的形式掌握在非劳动者手中,而人民大众所有的只是生产的人身条件,即劳动力",因此说生产资料私人占有决定了生产方式的资本主义性质。股份制是私有制到公有制的过渡，是对资本主义生产关系的扬弃，随着股份制的"扩大和侵入新的生产部门，它也在同样的程度上消灭着私人产业"。马克思还曾注意到，在资本主义制度发展到一定阶段，资本主义社会内部出现了"属于工人自己的工厂"。"工人自己的合作工厂，是在旧形式内对旧形式打开的第一个缺口……资本和劳动之间的对立在这种工厂内已经被扬弃，虽然起初只是在下述形式上被扬弃，即工人作为联合体是他们自己的资本家，也就是说，他们利用生产资料来使他们自己的劳动增殖。这种工厂表明，在物质生产力和与之相适应的社会生产形式的一定的发展阶段上，一种新的生产方式怎样会自然而然地从一种生产方式中发展并形成起来。"这种新的生产方式，包括新的生产关系，要义在于克服了资本与劳动的对立。

中国特色社会主义条件下的民营经济，具有马克思所讲的新式生产方式的属性和发展趋势。华为、腾讯、小米、京东等民营经济的股权结构，充分显示出上述特征。华为是非上市公司，股权结构极为独特。华为的主体运营企业是"华为技术有限公司"，只有一个股东"华为投资控股有限公司"。根据华为2023年年报，"华为投资控股有限公司"是100%由员工持有的民营企业，有两个股东："华为投资控股有限公司工会委员会"和自然人任正非。华为通过工会实行员工持股计划（即虚拟受限股计划），截至2023年12月31日，员工持股计划参与人数为151,796人；任正非作为自然人股东持有公司股份的同时，也参与员工持股计划，总出资占公司总股本的比例约0.73%。华为员工的薪酬由工资、奖金和股票分红组成，对大部分老员工而言，这三部分数量几乎相当。

腾讯控股有限公司是2004年在港交所上市的上市公司，据证券交易所的公开信息，截至2023年6月30日，腾讯创始人马化腾持股比例为8.4%，腾讯最大股东MIH TC Holdings Limited持有24.5亿股，占比25.59%。MIH是南非报业集团旗下的全资子公司，由其母公司Naspers Limited控制。与腾讯相同，小米和京东也是上市公司和公众公司，部分股份由社会公众持有。腾讯并非马克思、恩格斯语境下的私有制企业。在一定程度上腾讯是跨国企业，因为在大股东持有公司约30%的股份外，其他由社会公众持股。

分析以上公司的股权结构的目的在于说明，无论是华为，还是腾讯、小米、京东这样的民营经济头部企业，都是高度社会化的企业。这些企业与马克思、恩格斯那个时代的私有企业最大的不同在于，它们产生的利润，或者说是剩余产品，部分地由持股的公众共享了，尽管大股东还占据不同程度的大部分。这样的企业，是具有鲜明时代特点的社会所有制企业，是对马克思、恩格斯时代的私有制企业的扬弃。与国有制简单否定私有制相比，华为、腾讯等企业的扬弃要复杂得多，但总归是扬弃，符合社会发展进步的方向。

另外，在地域方面，浙江宁波的民营经济发展独树一帜。2024年3月，在"第八批国家制造业单项冠军企业名单"中，宁波以104家企业总量排名全国各城市第一，并且连续7年保持第一，也是全国唯一"冠军"数破百的城市。国家制造业单项冠军企业的入门标准是单项产品市场占有率位居全球前三，这意味着宁波有诸多企业在部分全球细分市场中处于国际领先地位。根据2023年11月的相关报道，"宁波制造业'大优强'104家培育企业中，民营企业91家，占比87.5%；现有83家国家级制造业单项冠军中，民营企业占比95.2%；累计获评352家国家级专精特新'小巨人'中，民营企业占比超过80%"。庞大的民营经济支撑了宁波的经济辉煌：数据显示，宁波的民营经济贡献了本市80%以上的税收、66%的国内生产总值、95%以上的高新技术企业、80%以上的城镇劳动就业岗位、95%以上的企业数量。宁波的目标是，到2035年成为全球领先的先进制造业基地和产业科技创新基地。

最后，民营经济极大激活了人的创造潜力、激励了人的创业精神，促进了人的发展。物质生产实践是人的本质力量的最终确证。伴随着新质生产力与新型生产关系的互动发展，人的本质力量在生产活动中被更充分发挥。一方面，人根据科学技术的发展创造出先进生产工具，促进了产业升级，推动大批劳动者学习掌握满足先进生产方式需求的知识和技能，有利于持续提升个人能力和水平，激活人的聪明才智。另一方面，新质生产力作为先进生产力，要求进一步提升资源配置效率、实现高质量发展，给具有突出创新特征的民营经济提供极大创业空间，激励人的创业精神。

华为、腾讯、小米、京东等头部民营企业，宁波体量庞大的民营经济，是新质生产力和新型生产关系的重要载体。从马克思、恩格斯的生产力、生产关系理论与人的发展学说看，它们的先进性体现在以下方面：在生产力方面，民营经济的头部企业在互联网、大数据、人工智能、通讯信息等高度社会化领域，处在领跑地位；在生产关系方面，民营经济中的头部企业，尤其是上市公司的股权结构实现了高度社会化；在人的发展方面，民营经济在市场经济中孕育并发展壮大，极大地解放了人们的创造潜力，激励了人们的创业精神，是推动当代中国人向着自由全面发展迈进的强大力量。

（三）破除关于民营经济的错误认识

我们党关于民营经济的属性、地位与作用的观点是非常明确的。

2023年7月发布的《中共中央国务院关于促进民营经济发展壮大的意见》提出，要"坚决抵制、及时批驳澄清质疑社会主义基本经济制度、否定和弱化民营经济的错误言论与做法"，强调要破除关于民营经济的错误认识。

除极少数民营企业运营不规范、民营资本在某些领域的扩张有争议外，更大的原因可能与误解马克思主义尤其是马克思、恩格斯的所有制理论有关。在"民营经济退场论"主张者看来，民营经济是资本主义性质的，是社会主义的异己成分。这样的观点，不符合马克思主义的基本常识。我国是社会主义社会，社会主义制度下的任何经济成分，都受社会主义基本制度的制约和规定。民营经济与传统公有制不同，但作为占国民经济总量60%以上的经济成分，是在中国共产党领导下、在社会主义基本制度框架内成长起来的，服务中国特色社会主义事业大局，不能不具有鲜明的社会主义属性。

还有人用马克思、恩格斯关于剥削的理论观点，来论证所谓民营经济的剥削问题。严格意义上讲，马克思、恩格斯使用的"剥削"概念，不是一个道德伦理问题，而是一个科学问题。制度性剥削，是资本主义社会的客观存在。在中国，国有经济产生的利润或剩余产品，在名义和实质上归全民所有；大量的民营经济，尽管存在着股东大小之别、分红多少之别，但毕竟没有独自享有剩余产品，而是在众多的利益相关者之间进行分配。此外，还有众多近似于个体工商户的小微企业。这些企业的所有者本身也是劳动者，他的工资性收入与获取的利润，一般是分不开的。在人类历史不同发展阶段，尽管存在类似现象，但性质却有着根本区别。用马克思、恩格斯批判资本主义的概念与范畴，来分析中国社会主义条件下的新生事物，只能得出错误的结论。

发展新质生产力与新型生产关系，成为新时代中国特色社会主义经济建设的关键突破口。在这个过程中，民营经济作为新质生产力与新型生产关系的重要载体，扮演着不可或缺的角色。破除对民营经济的错误认识，需要我们继续结合新的现实，以马克思、恩格斯的生产力与生产关系理论、人的发展学说为指导，在思想观念上进行根本澄清，并在全社会取得广泛共识。

三、立足新质生产力和新型生产关系推进民营经济健康发展

站在新质生产力和新型生产关系的时代高度，推进民营经济的健康可持续发展，是决定强国建设民族复兴大业和中国特色社会主义稳步推进、人民美好生活顺利实现的大事。

推进民营经济健康发展，必须坚持党的基本路线不动摇。经济建设是党在社会主义初级阶段基本路线的中心，能否坚持以经济建设为中心，是关系我国社会主义现代化强国建设的大问题，必须毫不动摇地贯彻落实坚持。现阶段，我国政治、意识形态等领域安全的重要性日益凸显，但决不能干扰经济建设这一中心工作。政治安全、意识形态安全等工作与经济建设这个中心工作不是相互冲突的关系，而是相互依存、相互促进的关系。做好前者，营造积极健康的发展环境，才能更好地服务经济建设，加快推进社会主义现代化进程；同时，经济健康发展，也会进一步提高总体社会发展水平，为政治、意识形态等安全提供坚实物质基础。始终坚持以经济建设为中心，是推进民营经济持续健康发展的政治路线保障。

推进民营经济健康发展，必须真正做到让市场在资源配置中发挥决定性作用。市场经济本质上是市场决定资源配置的经济形式，市场决定

资源配置是市场经济的一般规律，也是中国特色社会主义市场经济必须遵循的一般规律。实现社会主义制度与市场经济体制的有机结合，创立社会主义市场经济体制，是中国共产党在资源配置理论与实践上的最大创新，充分彰显党解放思想、实事求是、与时俱进的政治勇气与理论品格。新质生产力是创新起主导作用、以高技术、高效能、高质量为特征的先进生产力，只能在公开、平等、无歧视的市场环境中孕育出来。民营经济是新质生产力与新型生产关系的体现者，是推动高新技术产业化发展的重要力量。敏锐的市场触角、灵活的决策机制，我国多样市场需求和庞大市场规模，为民营经济推进前沿科技成果产业化提供了前所未有的发展契机。没有市场的决定性作用，没有党和政府对这种作用的强有力保障，民营经济的新质生产力与新型生产关系体现者角色将无从谈起。

推进民营经济健康发展，必须把全面深化改革落到实处。党的二十届三中全会通过的《中共中央关于进一步全面深化改革推进中国式现代化的决定》，对全面深化改革进行了战略性部署。就民营经济的健康稳定发展来说，进一步全面深化改革，一方面要求政府斩断一切不利于生产要素创新性配置、阻碍民营经济发展活力与生产效率的体制机制性障碍，建立以公开、公正、平等为主要内容、以法治为根本保障的现代市场体系；另一方面要求政府改革宏观调控体系，在尊重市场决定性作用的前提下，给予民营经济尤其是科技创新性头部企业以政策性扶持，促使其负载的新质生产力与新型生产关系稳步发展壮大。《中共中央关于进一步全面深化改革推进中国式现代化的决定》对进一步促进民营经济发展提出一系列具有战略意义的政策举措，包括制定民营经济促进法、完善民营企业参与国家重大项目建设长效机制、向民营企业进一步开放国家重大

一、民营经济的重大成就和重要贡献

科研基础设施、完善民营企业融资支持政策制度等，应该得到切实落实。

推进民营经济健康发展，内在要求党和政府工作增强系统联动，防止合成谬误。合成谬误这一概念由萨缪尔森提出，具体指"由于某一原因而对个体说来是对的，便据此而认为对整体说来也是对的，这就是合成推理的谬误"。换言之，认为对局部而言是对的东西，对整体而言也必然是对的。在党和政府开展工作的过程中，如果片面追求某一具体工作的完成度，过于重视某一领域的局部发展，就会出现合成谬误，降低整体工作效率、收缩社会发展活力。造成合成谬误的原因在于忽视了系统和要素的辩证关系，缺乏系统性思维。马克思主义的系统观要求在充分了解部分的基础上谋划全局，发挥系统的最大效能、实现最优目标。习近平总书记反复强调系统观念，强调改革的系统性、整体性、联动性，要义也在这里。民营经济是社会主义市场经济的重要组成部分，党和政府部署、开展经济工作时，要注意增强系统联动，防止某些局部性政策措施产生蝴蝶效应，直接或间接伤害民营经济发展的大环境。

推进民营经济健康发展，还要加强对新质生产力发展有可能带来的冲击、民营经济在其中扮演的角色等问题的综合性研究。在19世纪，马克思、恩格斯已经观察到机器取代人类劳动对资本主义社会的冲击，主要是工人失业与经济危机。现阶段，迅猛发展的人工智能即将在新的情景中，重现马克思、恩格斯当年遭遇的问题，尤其是在人工智能发展水平居于前列的国家。根据国际货币基金组织（IMF）的最新研究，人工智能会更加迅速地发展生产力，促进全球经济增长，创造更多财富，但也会影响全球约40%的工作。其中，发达经济体和部分新兴市场经济体大约60%的工作岗位可能会受到人工智能的影响；在其他新兴市场和低收入国家，受人工智能影响的就业岗位比例预计分别为40%和26%。此外，在大多数情况下，人工智能可能会加剧整体不平等。民营经济解决了当下中国80%以上的城镇就业，其头部企业还处在人工智能发展前沿，人工智能未来对就业的冲击，大概率会集中发生在民营经济领域。新的形势，要求民营经济在推动新质生产力发展的同时，要以更高道德水准，通过更丰富的形式和渠道，更充分地展现民有、民营、民享的社会内涵，做社会主义新型生产关系的探索者和开拓者。

恩格斯指出："总的说来，经济运动会为自己开辟道路，但是它也必定要经受它自己所确立的并且具有相对独立性的政治运动的反作用"。"国家权力对于经济发展的反作用可以有三种：它可以沿着同一方向起作用，在这种情况下就会发展得比较快；它可以沿着相反方向起作用，在这种情况下，像现在每个大民族的情况那样，它经过一定的时期都要崩溃；或者是它可以阻止经济发展沿着某些方向走，而给它规定另外的方向——这种情况归根到底还是归结为前两种情况中的一种。但是很明显，在第二和第三种情况下，政治权力会给经济发展带来巨大的损害，并造成大量人力和物力的浪费。"习近平总书记站在时代发展高度，创造性提出新质生产力和新型生产关系理论主张。改革开放催生的我国民营经济，在波澜壮阔的现代化建设实践中，尤其是在扑面而来的新一轮科技革命与产业变革中，日益显露出其新质生产力与新型生产关系重要载体的特质。高度重视民营经济在发展新质生产力、形成新型生产关系历史进程中的作用，为民营经济健康发展营造良好政策体制与舆论环境，是党和政府的重大责任。也唯有如此，中国特色社会主义事业才会有一个更加光辉灿烂的未来。

《中国井冈山干部学院学报》2024年第17卷第5期

二 正确认识民营经济发展面临的机遇和挑战

民营企业和民营企业家大显身手正当其时 / 陈 清
中国民企创新发展：现状、挑战与建议 / 高太山
民营经济高质量发展的基础、挑战与路径 / 朱鹏华
营造民营经济高质量发展新优势 / 沈丽霞 罗贞礼

民营企业和民营企业家大显身手正当其时

陈　清

民营经济是推进中国式现代化的生力军，是高质量发展的重要基础。习近平总书记出席今年2月17日召开的民营企业座谈会并发表重要讲话，对当前和今后一个时期促进民营经济健康发展、高质量发展作出全面部署，强调"新时代新征程民营经济发展前景广阔、大有可为，广大民营企业和民营企业家大显身手正当其时"，释放了坚定不移支持民营经济发展壮大的强烈信号。新时代新征程上，民营企业和民营企业家大显身手正当其时。

我国民营经济发展成就巨大，具备坚实基础和独特优势

伴随着改革开放伟大历程，我国民营经济从小到大、由弱变强，蓬勃发展。习近平总书记强调："现在我国民营经济已经形成相当的规模、占有很重的分量，推动民营经济高质量发展具备坚实基础。"在风雨考验中发展壮大，我国民营经济已经站到了更高发展起点上。

数量规模不断壮大。改革开放之初，我国民营经济发展还不充分，

陈清，福建省习近平新时代中国特色社会主义思想研究中心特约研究员。

全国范围内的民营企业和个体工商户数量都还比较少。截至2024年底，全国登记在册民营企业数量已超过5600万户。目前，我国民营企业数量在企业总量中的占比已提升至92%左右。大幅增长的数据反映出我国民营企业数十年如一日的不懈努力、民营经济蓬勃发展的良好态势。

发展质量稳步向好。从量变到质变，是事物发展的客观规律。我国民营经济发展壮大，不仅反映在数量的增加上，更体现在质量的提升上。2012—2023年，我国规模以上工业企业中私营企业营业收入年均增长8.3%、利润总额年均增长7.9%，入围世界500强的民营企业数量大幅增加。目前，国家高新技术企业中民营企业有42万多家，占比超92%；在出口强劲的"新三样"（新能源汽车、锂电池、光伏产品）中，民营企业贡献超过一半。我国民营企业在国际市场中的竞争力不断增强，一些民营企业已成为全球行业的链主企业、领军企业。

转型升级不断优化。在早期发展阶段，我国民营经济主要集中在第二产业，特别是纺织业、服装制造业等劳动密集型产业。随着时间推移，民营经济在第三产业的比重上升，逐步超过第二产业，形成了"三二一"的产业结构模式。2024年前三季度，全国新设民营企业619.1万户，其中第一产业新设民营企业16.5万户、第二产业新设民营企业82.5万户、第三产业新设民营企业520.1万户；在新技术、新产业、新业态、新模式领域新设民营企业271.8万户，约占同期新设民营企业总量的四成。这充分说明民营经济正在加快从传统劳动密集型产业向服务业、高新技术产业等价值链中高端跃升。

发挥作用不可或缺。当前，我国民营经济已成为支撑发展不可或缺的重要力量。根据全国工商联发布的《中国民营企业社会责任报告（2024）》，2023年，民营企业提供了90%以上城镇新增就业，16%的民营企业用工总量增加、65.7%的企业用工基本稳定；在专精特新中小企业中，民营企业占95%；各地"民营企业进边疆"行动共签订招商引资项目240个，签约总额1120多亿元。从2019年开始，民营企业成为我国第一大外贸经营主体。2014—2024年，民营企业进出口额快速增长，占全国进出口总额的比重由34.5%增长至55.5%。

民营经济发展前景广阔，机遇和挑战相互交织

当前，世界百年未有之大变局加速演进，国际国内形势复杂多变，民营经济发展面临的机遇与挑战同生共存。习近平总书记在民营企业座谈会上强调："在困难和挑战中看到前途、看到光明、看到未来，保持发展定力、增强发展信心"。纵观"形"与"势"，从我国综合实力大幅跃升到新发展格局加快构建，从改革开放纵深推进到营商环境持续优化，从新质生产力的培育壮大到新旧动能的加快转换，民营企业发展前景广阔。

始终坚持"两个毫不动摇"和"三个没有变"。我们党始终坚持"两个毫不动摇"和"三个没有变"，推动公有制经济、非公有制经济相辅相成、相得益彰。习近平总书记对民营经济发展的关心支持由来已久，早在福建工作时就总结推广"晋江经验"，影响深远；在浙江工作期间多次调研民营企业，总结推广"义乌发展经验"；等等。党的十八大以来，习近平总书记就促进民营经济高质量发展作出一系列重要论述和部署，在2016年全国两会上强调"公有制经济、非公有制经济应该相辅相成、相得益彰，而不是相互排斥、相互抵消"并提出新型政商关系，在2018年民营企业座谈会上强调"民营企业和民营企业家是我们自己人"，在党的二十大报告中强调"优化民营企业发展环境，依法保护民营企业产权和企业家权益，促进民营经济发展壮大"，在这次民营企业座谈会上再次强调"几十年来，关于对民营经济在改革开放和社会主义现代化建设事业中地位和作用的认识、党和国家对民营经济发展的方针政策，我们党理论和实践是一脉相承、与时俱进的""要进一步构建亲清政商关系"。近年来，颁布实施民法典、推动修订反垄断法等，民营经济发展法治建设持续推进；备受各界关注的民营经济促进法草案已经全国人大常委会二次审议，其出台和实施必将进一步发挥法治固根本、稳预期、利长远的保障作用。党和国家对民营经济发展的基本方针政策，已经纳入中国特色社会主义制度体系，将一以贯之坚持和落实，不能变，也不会变。历史证明，促进民营经济发展壮大是长久之策，保持制度稳定性、加强法治保障，让民营企业和民营企业家吃下"定心丸"，确保了民营经济发展行稳致远。

国家实力增强，发展支撑更加有力。新时代以来，我国经济进入高质量发展阶段，综合实力不断提升。2012—2024年，我国国内生产总值（GDP）从54万亿元增长到超134万亿元，经济基本面长期向好。目前，我国拥有41个工业大类、207个中类、666个小类，是全球唯一拥有联合国产业分类中全部工业门类的国家；已建成世界最大的高速铁路网、高速公路网、邮政快递网和庞大的港口群；14亿多人口、4亿多中等收入群体构成了全球最具潜力的超大规模市场；劳动年龄人口平均受教育年限达11年以上，工程师红利持续释放。健全的产业体系、完善的基础设施、超大的市场规模、优质的人力资源，既是我国发展具备的优势，也为民营企业加快发展提供了坚实有力的支撑。

改革纵深推进，营商环境持续优化。党的十八届三中全会开启了新时代全面深化改革、系统整体设计推进改革的进程，不断打破制约高质量发展的各种条条框框。党的二十届三中全会提出300多项重要改革举措，对构建全国统一大市场、完善要素市场制度和规则、完善产权制度等方面作出重要部署，从多个维度为促进民营经济健康发展提供了改革路径。从中央到地方，各级各部门用好改革开放这一当代中国大踏步赶上时代的重要法宝，针对民营企业反映的突出问题，在法治保障、产权保护、政务服务、要素供给等方面不断加大对民营经济的支持力度，取得积极成效。在经济合作与发展组织发布的全球营商环境排名中，我国的位次逐步提升。营商环境的持续优化，有利于降低民营企业的制度性交易成本，进一步激发民营企业发展动力活力。

政策支持不断，惠企助企力度加大。近年来，我国打出政策"组合拳"，为民营企业发展加油助力。比如，2019年出台《关于营造更好发展环境支持民营企业改革发展的意见》，进一步激发民营企业活力和创造力；2023年出台《中共中央国务院关于促进民营经济发展壮大的意见》，以更大力度为民营经济发展"撑腰鼓劲"；2024年9月底以来果断部署一揽子增量政策，有效提振了民营企业和民营企业家信心。随着促进民营经济发展的政策措施扎扎实实落实，民营经济发展前景广阔、大有可为。

科技迅猛发展，创新之争日益激烈。当前，国际局势深刻演变，新一轮科技革命和产业变革加速演进，全球创新链和产业链正加快重构。世界主要国家都在抢滩布局科技前沿地带，人工智能、量子计算、脑机接口等新兴产业突破临界点。目前，我国每10个新开发的产品中，就有8个来自民营企业。今年以来，深度求索（DeepSeek）公司推出的开源大模型受到全球欢迎，宇树科技人形机器人登上春晚舞台……民营企业创新成果涌现。此外，民营企业还在数字经济、绿色经济、共享经济等新业态新模式方面快速发展,通过重构商业生态开辟了价值创造新蓝海。在创新发展的时代大潮中,不进是退,慢进也是退。民营企业在新质生产力培育中风头正盛,创新已成为民营企业的"制胜利器"。

市场潜力巨大,内外循环有待进一步畅通。加快构建新发展格局,是以习近平同志为核心的党中央着眼我国长远发展和长治久安作出的重大战略部署。从国内来看,随着人均GDP突破1.2万美元,我国居民消费结构正从生存型向高品质、个性化、服务化转变,消费升级为民营企业创造了差异化竞争空间。从国际来看,局部冲突和动荡频发,单边主义、保护主义加剧,全球资本和货物自由流动面临的威胁上升,这给民营企业参与国际竞争带来诸多不确定性。但和平与发展的时代主题没有变、经济全球化的根本方向没有变,高质量共建"一带一路"和高质量实施《区域全面经济伙伴关系协定》等推动了贸易便利化,民营企业对外发展空间仍然广阔。

民营企业大有可为,必须保持发展定力,增强发展信心

习近平总书记指出:"我们从来都是在风雨洗礼中成长、在历经考验中壮大"。当前和今后一个时期是以中国式现代化全面推进强国建设、民族复兴伟业的关键时期,民营企业发展站在了新的历史起点上。只有保持发展定力,增强发展信心,才能在危机中育新机、于变局中开新局。当企业活力与制度优势深度融合,当企业家精神与时代脉搏同频共振,民营经济必将书写更加辉煌的篇章。

坚持破堵点、解难点,有效提振信心预期。当前,一些政策相对"不解渴",融资难融资贵、执法不规范等问题仍然存在。为此,要坚持问题导向，在认真落实已有政策的同时，对民营企业急难愁盼事项进行"清单式"梳理，特别是对诉求集中、反映强烈、牵涉较广的共性问题，要进一步强化统筹协调，从解决"一个问题"向解决"一类问题"、受益"一批企业"、助力"一个行业"拓展。要深入开展规范涉企执法专项行动，坚决防止违规异地执法和趋利性执法，着力解决拖欠民营企业账款问题，有效保护民营企业和民营企业家合法权益。要进一步构建亲清政商关系，持之以恒优化营商环境，切实稳定民营企业预期。

坚持强创新、提能级，加快转型升级步伐。习近平总书记指出："发展新质生产力是推动高质量发展的内在要求和重要着力点。"发展新质生产力的关键在科技创新，民营经济是推动科技创新、培育新质生产力的生力军。要着力推动科技创新和产业创新深度融合，不断提高民营企业发展质量、效益和核心竞争力。大力提高传统产业"含新量"，坚持以高端化、智能化、绿色化为方向，引导传统产业中的民营企业加快"智改数转"步伐，努力迈向中高端，实现"老树"发"新枝"。要打造战略性新兴产业和未来产业发展高地，在持续深耕新能源、新材料、低空经济等战略性新兴产业的同时，聚焦量子科技、生物制造等未来产业，强化顶层设计和区域布局，更好发挥政府投资基金的作用，培育一批民营龙头企业。

坚持优管理、提素质，不断增强内生动力。习近平总书记强调："企业是经营主体，企业发展内生动力是第一位的。"企业加强内部管理，既是自身发展的需要，也是应对市场风险和挑战的需要。无论是大企业还是中小微企业，只有根据自身的实际情况，建立完善中国特色现代企业制度，才能有效应对挑战、突破瓶颈、抢抓机遇。要支持引导民营企业完善治理结构和管理制度，进一步强化经营管理队伍建设，提升项目决策、资金管理、风险防范科学化水平，进一步夯实企业发展根基。要引导民营企业家深刻认识到只有素质一流才能办一流企业，高度重视企业接班人培养，强化各方面能力锻炼，推动事业新老交替和有序传承，促进民营经济健康发展和民营经济人士健康成长。

坚持优布局、拓市场，打开全新发展空间。庞大的市场规模和持续增长的市场需求，是民营企业发展的重要推动力。要鼓励民营企业积极参与国家重大发展战略实施，不断优化产业布局，在服务国家发展大局的同时，借势借力促进自身发展；持续深耕国内市场，把握"两重""两新"等政策加力扩围有利时机，以更优质的产品和服务拓展新需求、打开新局面。要帮助民营企业以更大力度拓展新兴市场，深化"跨境电商+产业带"发展模式，持续推进海外仓建设，在稳住传统市场的同时开拓新兴市场；同时，做好信息咨询、商事法律等方面服务，帮助民营企业更好"走出去"，深度嵌入全球产业链供应链。

坚持担责任、重回报，着力提升社会贡献。习近平总书记高度重视企业家群体在国家发展中的作用，多次强调弘扬企业家精神。要引导广大企业家传承弘扬优秀企业家精神，坚持诚信守法经营、积极履行社会责任，努力做到胸怀报国志、一心谋发展、守法善经营、先富促共富，以更大的热情投身构建新发展格局、推动高质量发展的生动实践，在促进乡村全面振兴、保护生态环境、力所能及参与公益慈善活动、提高人民生活品质等方面担当作为，为推进中国式现代化作出新的更大贡献。

《人民日报》（2025年03月14日 第09版）

中国民企创新发展：现状、挑战与建议

高太山

党的十八大以来，我国民营企业创新主力军地位持续巩固，创新质量显著提升，成为我国科技创新不可或缺的重要力量。调研过程中企业反映，实践中仍存在制约民营企业科技创新的诸多挑战，包括高层次人才获取难、科技创新资源获取难、科技投入面临资金短缺约束、知识产权保护有待加强以及制度创新障碍等。民营企业科技创新面临困难挑战是多方因素造成的，既有自身规模小、创新基础薄弱、竞争力不足等原因，也有外部环境冲击、创新体系不健全、监管规则待完善等因素影响。建议以更大力度鼓励支持民营企业科技创新，多措并举缓解民营企业人才引进困难，支持民营企业平等获取科技创新资源，完善科技信贷服务，优化科技型企业融资环境，强化知识产权法治保障，加快监管制度创新。

民营企业是我国科技创新的重要力量。党的十八大以来，越来越多的民营企业重视创新研发，技术水平持续提升，创新主力军地位持续巩固。我们对民营企业的调研发现，科技创新是民营企业高质量发展的最大动力，但实践中仍存在制约企业创新的挑战，亟待进一步提出应对之策。

高太山，国务院发展研究中心企业研究所研究室副主任。

一、民营企业创新主力军地位持续巩固

我们分析了过去十年民营企业和国有企业科技创新相关数据，发现了三个基本特点：

一是越来越多的民营企业重视科技创新。党的十八大以来，我国民营企业持续加大科技创新投入，开展研发（R&D）活动的企业数量持续攀升。2012年，民营企业设立研发机构的企业数占比不足1/10，比国有企业低5个百分点，民营企业开展R&D活动的企业数占比11.2%，比国有企业低8个百分点。到2021年，民营企业设立研发机构的企业数占比接近1/4，高出国有企业10个百分点，民营企业开展R&D活动的企业数占比提高到37.8%，比国有企业高15个百分点（见图1）。十年来，民营企业创新地位发生了显著变化，成为科技创新的重要力量。

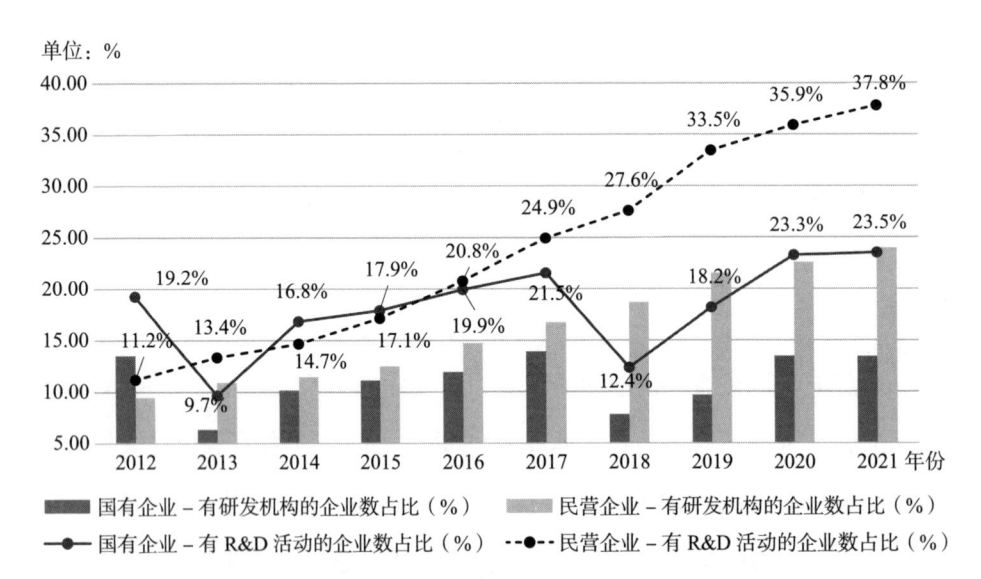

图1 2012—2021年国有和民营企业研发活动情况

数据来源：中国科技统计年鉴，下同。

二、正确认识民营经济发展面临的机遇和挑战

二是民营企业创新投入持续增长，研发强度连年攀升。过去十年我国民营企业创新活力不断迸发，企业研发支出额从2012年的1200亿元增长到2021年的6700多亿元，十年增长了4.4倍，年均增长20.7%。从研发强度看，2021年我国民营企业平均研发强度为1.31%，较2012年提高0.87个百分点，呈现稳步提升态势。同期，国有企业研发强度大多在0.03%~0.23%（见图2）。

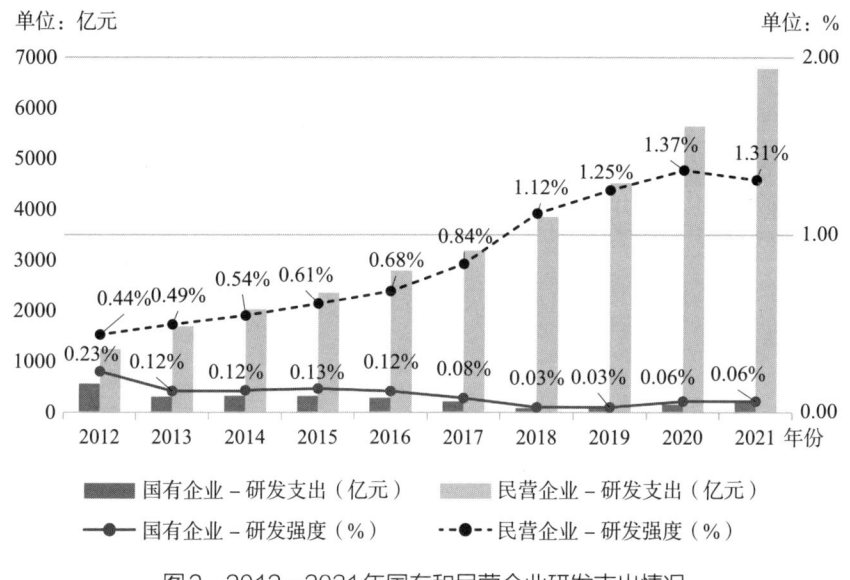

图2 2012—2021年国有和民营企业研发支出情况

三是民营企业创新质量显著提升，不断取得发明专利数量与质量的突破。过去十年，我国民营企业专利申请量持续攀升，从2012年的14.4万件上升到2021年的72.1万件，增长了5倍。同期，国有企业专利申请量从3.1万件下降到2.3万件，降低了24%。从专利质量看，2021年民营企业发明专利申请量为18.75万件，是2012年的4.7倍，占规模以上工业企业发明专利申请量的比重为13.4%，较2012年提高5.3个百分点；同期，国有企业发明专利申请量占比从2.3个百分点下降到0.9个百分点（见图

109

3），民营企业创新主力军地位进一步凸显。

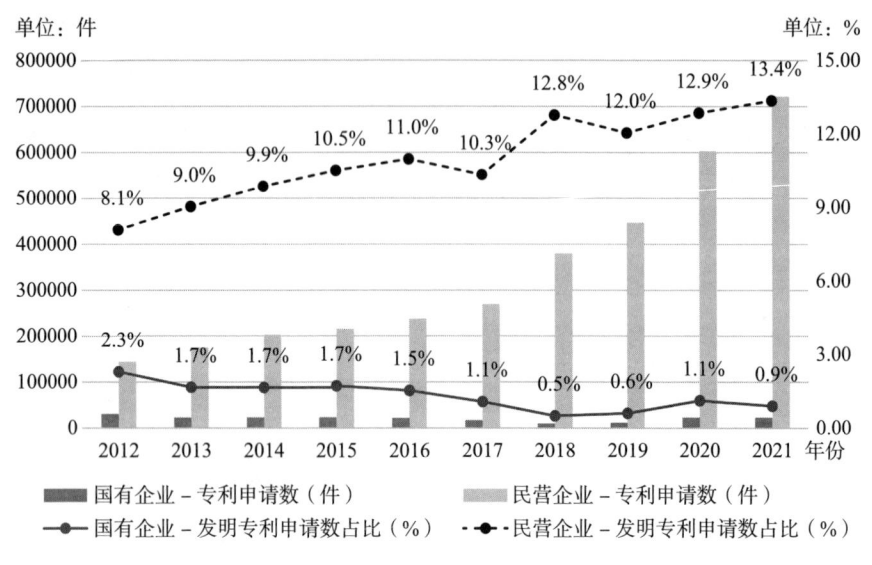

图3 2012—2021年国有和民营企业专利申请情况

二、民营企业反映的科技创新挑战

受访企业反映，当前面对内外部压力，很多企业更加重视科技创新，积极加大研发投入，但面临的挑战依然不少。主要体现为高层次人才获取难、平等获取科技创新资源难、创新投入面临资金短缺约束、知识产权保护有待加强以及存在制度创新障碍等。

高层次人才获取难。人才是科技创新的核心驱动力。当前民营企业在人才招聘，特别是吸引、留住高层次人才方面越来越难，人才匮乏已经成为制约企业创新的重要因素。主要表现在四个方面：一是人才招聘"遇冷"。一些社会舆论对民企缺乏客观全面认知，包括多数"双一流"高校的毕业生、优秀人才普遍倾向选择去机关、事业单位和国企，到民企工作意愿不足。2021年民营企业研发人员中博士和硕士人员占比仅为6.9%,较2012年下降2.2个百分点;同期,国有企业研发人员中博士和硕士人员占比则提升了近10个百分点(见图4)。二是民营企业在职称评审、项目申请、档案管理等方面仍面临不少体制性障碍。三是新兴产业人才短缺严重,尤其是新技术新模式新业态相关人才非常短缺,缺少能顶得上、顶得住的人才,例如数字化、自动化生产线相关运维人才缺口大。四是在高端人才税收减免、住房和医疗保障、配偶就业、子女教育等方面,民营企业面临更多困难。例如,有的城市在分配人才公寓时预留给民营企业的指标偏少,在招聘人才时缺乏竞争力。

图4 2012—2021年国有和民营企业研发人员中博士和硕士人员占比情况

平等获取科技创新资源难。一是民营企业很难获得国家级科技创新项目。二是科研项目申报信息获取不平等。一些地方习惯将创新资源向国企倾斜,相关部门首先询问央企、国企的合作意愿,民营企业获得申报信息时间晚、准备资料周期短。三是一些申报条件和评审标准设置民营企业不占优势。比如有些科研项目对申请团队主要负责人的国籍、社保缴纳地及缴费年限提出明确要求，有的评审单位习惯从申报企业所有制、规模看优劣，而不是项目本身的需要，因国企规模大、营业收入高，容易得高分，民营企业感觉"吃亏"。四是在资金分配、研发补贴、评奖评优等方面，远落后于国有企业。数据显示，过去十年民营企业研发支出额中来自政府部门的资金占比不足2%，明显低于国有企业（见图5）。

单位：%

年份	2012	2013	2014	2015	2016	2017	2018	2019	2020	2021
国有企业	6.19%	8.96%	8.50%	12.99%	13.20%	14.51%	13.16%	11.23%	8.19%	7.14%
民营企业	3.40%	3.02%	2.87%	2.49%	2.28%	2.22%	1.98%	3.06%	1.09%	1.15%

图5 2012—2021年国有和民营企业研发支出中政府资金占比情况

创新投入面临资金不足约束。资金短缺是制约民营企业特别是科技型中小企业创新的难题，当前面向科技型中小企业的金融服务体系有待完善。一是科技型中小企业大多具有小规模、轻资产、高科技等特征，尽管发展速度快、潜力大，但往往因缺乏实物资产作为抵押物或政府信用背书，一些企业难以获得银行贷款。二是风险投资发展尚不成熟，特别是退出通道不畅，抗风险能力弱，对种子期、初创期创新型企业投入严重不足。三是一些地方产业引导基金热衷于对规模大、成熟期短、上市快的企业做"临门一脚"的投资，不愿意做"雪中送炭"的投资，往往造成投资需求与企业融资需求的错位。

知识产权保护有待进一步加强。有企业反映，知识产权保护不够极大地挫伤了企业创新积极性。一是侵权成本低。有企业表示，一段时间以来，一些企业是依靠模仿和"山寨"发展起来的，存在企业之间相互抄袭的现象。二是维权成本高。知识产权侵权行为具有隐蔽性强、不确定性大和因果关系复杂等特点，尤其是数字经济等新兴领域知识产权纠纷案件明显增加，发现和认定侵权行为比较困难，导致诉讼周期长、维权成本高。三是商业秘密保护缺乏专门法规。我国在商业秘密保护方面没有单独立法，相关法律条文散落在民法典、刑法、反不正当竞争法等法律中，权利人在遭遇商业秘密侵权时，经常面临法律适用困难等问题。有企业表示，由于商业秘密保护不力，一直以来在国际市场占有一席之地的产品，一夜之间被多家中小企业仿制，自身发展受到影响。

企业创新面临制度障碍。一是行业主管部门的审批制度跟不上技术进步，企业长期投入开发出的新产品无法迅速商业化。二是数字经济等新兴领域创新活跃，在监管规则不健全、监管手段不足等制约下，对新技术新业态的监管跟不上创新需求。三是传统的安全监管规范不能适应创新需要。

三、相关建议

民营企业科技创新面临的挑战是多方因素形成的，既有自身规模小、创新基础薄弱、竞争力不足等原因，也有外部环境冲击、创新体系不健全、监管规则待完善等因素影响。在持续推进惠企政策扎实落地的同时，应以更大力度鼓励支持民营企业科技创新。

多措并举破解民企人才引进难题。加大对择业民营企业"荣誉感"和年轻人吃苦耐劳精神的宣传力度，树立各行各业就业都是社会主义建设者的价值观。以社会需求为导向，做好大专院校、技校等专业的科学设置和动态调整，支持民营企业与高校在课程设置、实习基地建设、产学研一体化等方面加强合作，扩大专业技能人才、新兴领域人才供给。加快完善民营企业档案管理、职称评定等制度，在人才住房、子女教育、配偶就业等方面，清理按企业性质差异化设置福利待遇的行为，做到"一视同仁"。

支持民营企业平等获取科技创新资源。优化国家级、省部级科技重大项目或高水平（新型）研发机构申报条件，加快清理立项单位在申报活动中设置的单位性质、营收规模、特定行政区域、申报人社保缴纳地及缴费年限等不合理评审条件。借鉴政府采购和招投标领域支持中小企业的做法，在各类科技项目、科研基金中为科技型中小企业预留份额，或专门设立面向科技型中小企业的科研资助项目。加强科研项目申报意向公开管理，提高项目申报信息透明度，保障各类市场主体平等参与科研项目申报活动。

优化科技型企业融资环境。探索科技企业贷款差异化监管政策，引导银行业金融机构创新科技贷款风险管理模型，提高科技企业不良贷款容忍度，完善信贷人员考核方法，让资金敢于流向民营企业。加大知识产权质押融资支持力度，拓宽中小企业融资途径。引导天使投资、风险投资等社会资本投向种子期、初创期企业，进一步完善风险分担机制和税收优惠政策，拓宽投资多元化退出渠道。

强化知识产权法治保障。进一步完善知识产权侵权定罪量刑标准，加大侵权惩罚力度，提高违法成本。优化诉讼流程，减少诉讼周期，提高企业维权便捷性。加强数字领域知识产权保护，积极利用数字技术识别违法侵权行为，提高保护效率。借鉴欧美国家经验，尽快研究出台专门的商业秘密保护法，明确商业秘密和侵权行为界定，降低企业自我保护成本。健全知识产权信用监管体系。

加快监管制度创新。完善创新型产品推广应用政策，加快制定创新型产品相关标准，短时间内国家层面的标准难以出台时，可考虑制定临时性办法，让新产品尽快商业化，在推广应用中积累监管经验。简化新技术新应用上线前的"双新评估"，试点引入企业"承诺制""备案制"等管理模式。完善第三方认证体系。加强基层监管人员能力培训，提高监管专业化水平。

《中国经济报告》2023年第6期

民营经济高质量发展的基础、挑战与路径

朱鹏华

民营经济是社会主义市场经济的重要组成部分,也是经济发展的重要动力、国家税收的重要来源、科技创新的重要主体、稳定就业的重要依托、对外开放的重要力量。党的十八大以来,以习近平同志为核心的党中央高度重视民营经济在发展中国特色社会主义事业中的重要作用,坚定不移地支持民营经济发展,引导民营经济发展取得重大成就。党的二十大报告提出:"优化民营企业发展环境,依法保护民营企业产权和企业家权益,促进民营经济发展壮大。"民营经济作为国民经济的重要构成,其高质量发展是全面建设社会主义现代化国家的重要任务,必将在中国式现代化建设中发挥不可替代的重要作用。习近平强调:"要引导民营企业和民营企业家正确理解党中央方针政策,增强信心、轻装上阵、大胆发展,实现民营经济健康发展、高质量发展。"为新时代新征程民营经济指明了前进的方向。

一、民营经济高质量发展的基础条件

改革开放以来,我国民营经济从"几乎为零"到"半壁江山",逐渐

朱鹏华,山东大学经济学院副研究员。

成为中国式现代化的重要推动力量。经过四十多年的改革与发展，目前在社会主义市场经济中已形成了支撑民营经济高质量发展的基础条件。

1.发展成就：民营经济已占国民经济"半壁江山"

改革开放后，从个体经济开始起步，民营经济在"双轨制"的改革模式下作为公有经济的必要补充逐渐发展起来，目前已占国民经济"半壁江山"。2021年，我国民间固定资产（不含农户）投资307659亿元，占全社会固定资产投资（552884.2亿元）的55.6%；规模以上工业有限责任公司、股份有限公司和私营企业专利申请共计1195659件，占规模以上工业企业专利申请总数（1403611件）的85.2%；有限责任公司、股份有限公司、私营企业和个体的城镇就业人员共计38399万人，占城镇就业人员总数（46773万人）的82.1%；私人企业法人单位26288321个，占企业法人单位总数（28665212个）的91.7%。正如习近平所指出，民营经济"贡献了50%以上的税收，60%以上的国内生产总值，70%以上的技术创新成果，80%以上的城镇劳动就业，90%以上的企业数量"。党的十八大以来，民营经济在规模和实力实现大幅提升的同时，正在加快向高质量发展的轨道转变，目前已成为中国式现代化的重要力量。与此同时，民营经济人士队伍在不断壮大，整体素质和经营管理水平持续提高。2022年，我国私营企业出资人和个体工商户户主总数已超过1.6亿。广大民营经济人士感党恩、听党话、跟党走的自觉意识也在不断增强，积极融入国家重大发展战略、参与国家治理、承担社会责任，用实际行动证明了"民营企业和民营企业家是我们自己人"的正确性和科学性。

2.理论定位：民营经济是我国经济制度的内在要素

改革开放之初，将个体经济定位于社会主义公有制经济"必要的、有益的补充"，并强调其对繁荣城乡经济，方便城乡居民生活，以及解决城乡剩余劳动力就业的重要意义。随后，党的十三大报告将存在雇佣劳动关系的私营经济作为"公有制经济必要的和有益的补充"。党的十四大报告提出社会主义市场经济的所有制结构是以公有制为主体，多种经济成分长期共同发展。党的十五大报告将公有制为主体、多种所有制经济共同发展界定为社会主义初级阶段的一项基本经济制度，并强调要引导民营经济健康发展。党的十六大报告针对公有制经济和非公有制经济提出"两个毫不动摇"的理论定位，强调将它们"统一于社会主义现代化建设的进程中"，这表明民营经济已被纳入中国式现代化体系之中。党的十八大以来，民营经济迎来了高质量发展的新时代。党的十八届三中全会在"两个毫不动摇"的基础上，进一步明确公有制经济和非公有制经济"两个都是"的定位、财产权"两个不可侵犯"的要求以及在市场竞争中的"三个平等"。2018年，习近平在民营企业座谈会上提出"民营经济是我国经济制度的内在要素"。这一理论定位将民营经济融入中国特色社会主义经济制度，一方面阐明了我国民营经济的社会主义性质，另一方面体现了中国特色社会主义制度的优越性，为新征程民营经济高质量发展奠定了理论基础。

3. 发展环境：民营经济发展的营商环境不断优化

党的十八大以来，从"多个门办一件事"到"一扇窗办所有事"、从"大厅办"到"掌上办"、从"群众跑"到"数据跑"，各级政府深入推进"放管服"改革、着力构建亲清政商关系、持续打造公平竞争的市场环境，为民营经济创造了良好的发展环境。在市场化方面，通过简政放权、商事制度改革、减税降费，为市场主体"松绑"。相继出台了"鼓励社会投资39条"（2014年）、"促进民间投资26条"（2016年）、"激发民间有效投资活力10条"（2017年）、"支持民营企业改革发展28条"（2019

年）、"支持民间投资21条"（2022年）等政策，为民营经济发展营造了更加理想的市场环境。2018年起，全国统一的市场准入负面清单制度正式实行，并不断更新清单。2012—2021年我国私营企业法人单位数由5917718个增至26288321个，年均增加18%。在法治化方面，围绕市场准入、促进民间投资、保护知识产权、反垄断等制定或完善法律法规，不断将优化营商环境成果法治化。2019年12月，《中共中央、国务院关于营造更好发展环境支持民营企业改革发展的意见》发布。2020年1月，我国优化营商环境的第一部综合性行政法规《优化营商环境条例》正式施行，从国家层面为继续深入优化营商环境提供了法规依据。在国际化方面，放宽外资市场准入，大幅缩减国（境）外投资负面清单，加强与国际规则接轨，积极参与国际经贸规则的制定和修订。2017—2021年连续修订全国和自贸试验区负面清单，数量分别由93项和122项减至31项和27项。在便利化方面，政务服务水平持续提升，将多个部门相关联的"单项事"整合为企业和群众视角的"一件事"，实现"一件事一次办"，多数服务事项都实现了全流程"网上办""掌上办"。根据世界银行全球营商环境评估项目，2013—2020年我国营商环境在全球190多个经济体中排名由第96位跃升到第31位，成为全球营商环境进步最快的经济体之一。不断优化的营商环境为促进市场主体公平竞争、激发民营企业活力和创造力、推进民营经济高质量发展提供了有力保障。2023年3月，习近平在看望参加政协会议的民建工商联界委员时强调：党中央始终坚持"两个毫不动摇""两个健康""三个没有变"，继续优化民营经济发展环境。

4.治理水平：民营经济领域的治理体系和治理能力现代化扎实推进

党对民营经济的领导全面加强且不断完善，民营经济领域的治理现代化水平持续提升。改革开放以来，民营经济在党的领导下不断发展壮大起来。党的领导既是民营经济社会主义属性的决定力量，也是民营经济高质量发展的根本制度保证。党的十八大以来，以习近平同志为核心的党中央站在推进国家治理现代化的战略全局，不断探索党对民营经济的有效领导方式，推进民营经济领域治理体系和治理能力现代化。在创新理论引领方面，越来越多的民营经济人士能正确认识和运用社会主义市场经济规律，主动践行新发展理念，主动适应国家构建新发展格局，主动融入供给侧结构性改革，主动参与国家重大战略。在治理机制方面，各级党委和政府均建立了推进民营经济健康发展的领导机制，政府相关部门建立了民营经济政策制定征求意见制度，民营经济领域的治理效能显著提升。2020年出台了《关于加强新时代民营经济统战工作的意见》，各级党委建立健全民营经济统战工作协调机制，完善政企沟通协商制度，丰富和发展了党对民营经济领导的实现形式。在民营企业党建方面，扎实推进党的组织和工作在民营企业全覆盖，创新发挥党组织作用和现代企业制度有机融合的有效形式，为加强党对民营经济的领导奠定了坚实的组织基础。

二、民营经济高质量发展面临的主要挑战

从我国民营经济的发展历程来看，市场环境、政商关系、治理能力等始终是影响其发展的关键问题。当前国际国内环境正发生着深刻复杂变化，民营经济传统的发展优势、模式和动力正在加速重构，民营经济高质量发展所面临的挑战也在发生着系统性变化。

1. 高质量发展对民营经济发展提出了更高要求

改革开放以来，民营经济在人口红利、制度红利、开放红利的推动

下高速发展，实现了规模和数量的快速扩张。中国特色社会主义进入新时代，这种外延式扩张发展已经完成了其历史使命，我国经济已转向高质量发展阶段，这对民营经济发展提出了更高要求。党的十九大报告提出："我国社会主要矛盾已经转化为人民日益增长的美好生活需要和不平衡不充分的发展之间的矛盾。"社会主要矛盾的变化既是迈进高质量发展阶段的基本依据，也是民营经济发展面临新挑战的内在根据。在前期的高速增长阶段，民营经济围绕着解决人民日益增长的物质文化需要迅速拓展市场，主要依赖低劳动力成本、低环境成本、低资源成本，且普遍形成了粗放的发展模式；在高质量发展阶段，我国各行各业均呈现"从无到有"转向"由有到优"的发展特征，以量为主的粗放式发展已成为影响民营经济健康发展的主要障碍。面对高质量发展的新要求，民营经济必须转变发展方式、调整产业结构、转换增长动力，自觉走高质量发展路子。这一转变过程对于民营经济来说是一次革命和蜕变，并非轻轻松松就能实现的，必须做好应对一系列发展风险挑战的准备。

2.中国式现代化对民营经济发展提出了更高要求

中国式现代化是全体人民共同富裕的现代化。习近平强调：民营企业"必须担负促进共同富裕的社会责任"，民营企业家要"增强先富带后富、促进共同富裕的责任感和使命感"。从实践上来看，一方面民营经济健康发展有利于做大社会财富"蛋糕"、增加居民就业、扩大中等收入群体规模，另一方面民营资本无序扩张会扩大收入分配差距、增加劳资关系矛盾。当前，引发社会关注的"割韭菜""白嫖""996""社畜"等网络热词，也暴露出民营经济发展中存在的问题。我国虽然已全面建成小康社会，但仍有大量的低收入人群，他们大都在民营企业就业，或是个体工商从业人员；同时我国富人财富增长速度较快，他们大都是民营企业老板或重要投资者。在扎实推进共同富裕的新征程上，对民营企业如何在追逐利润、积累财富、企业发展与工资福利、社会公益、劳资关系之间合理平衡提出更高要求。中国式现代化是人与自然和谐共生的现代化。改革开放以来，我国经济快速发展的同时，也付出了巨大的资源环境代价。相比较国有企业和外资企业，民营企业在发展过程中的发展方式更为粗放，对资源过度消耗和环境破坏程度更为严重。在推进绿色发展与碳达峰碳中和的新征程上，对占全国企业总数超过90%的民营企业节约集约利用资源，加快发展方式绿色低碳转型提出了更高要求。

3.国际市场新形势对民营经济发展提出了更高要求

在全球化时代背景下，不断发展壮大的民营企业必须具备全球视野，增强企业在全球产业链、供应链、价值链上的话语权。当前，国内迈进高质量发展阶段的同时，世界经济复苏乏力、结构性矛盾突出、发达经济体饱受金融危机冲击，国际市场出现的新形势。一方面，逆全球化趋势抬头，一些发达国家对我国产业链进行技术封锁，在一定程度上阻碍了民营企业全球价值链攀升进程；另一方面，一些发展中国家制造业的崛起，挤压了民营企业国际市场的传统优势空间。在加快构建新发展格局的新征程上，国际市场新形势对民营企业"走出去"融入全球市场发展提出了更高要求。国内外的实践经验表明，民营企业只有充分利用国际国内两个市场和两种资源，实现要素的最优化配置和商品的加速流通，才能实现企业经营质量和效率的全面提升；只有主动参与全球技术、人才、市场、产业等的同台竞技，才能不断提升企业的创新能力和市场竞争能力，在全球化竞争中赢得主动。

4.新科技革命和产业革命对民营经济发展提出了更高要求

改革开放以来，民营企业的新技术主要来源于市场引进、吸收模仿，自主科技创新能力不足是其健康发展的最大短板和"瓶颈"。当前，新一轮科技革命和产业变革突飞猛进，这对民营经济发展提出了更高要求。从科技革命来看，在数字化、网络化、智能化为特征的新一代信息技术推动下，人类社会、物理世界、信息空间正加快交互融合。新一轮科技革命不仅会催生出新的工业，还会重塑现有产业布局。在宏观上，能否在国际竞争中适应和引领新一轮科技革命，是全面建设社会主义现代化国家的关键；在微观上，能否抓住新一轮科技革命赋能企业转型发展，是民营经济高质量发展的核心。从产业革命来看，一方面重大颠覆性技术创新以革命性方式对传统产业产生"归零效应"，这将对民营经济的某些产业造成致命性打击；另一方面以"互联网+""智能+"为特征的数字经济正推动传统产业数字化变革，而民营经济数字化转型既面临着投入大、周期长、风险高等问题，也面临着数字化与企业创新、管理、组织架构融合发展等挑战。

5. 新时代新征程对民营企业经营和管理提出了更高要求

民营经济特别是民营企业发展面临的挑战，既有外部经营环境问题，也有企业内部问题。当前，民营企业的经营和管理问题，是影响其高质量发展的主要挑战。我国大部分中小型民营企业是自然人或家族企业，企业产权结构单一，企业制度不健全、管理不规范仍然普遍存在。这些民营企业大多以家族式管理为主，缺乏健全的产权制度，制约了人才和要素的引入。企业的发展过分依赖于企业家个人能力，"集权"趋势明显，经营稳定性较低、生命周期普遍较短。这不仅增加了中小型民营企业的融资难度，还限制了民营企业的创新能力和可持续发展能力。与此同时，大中型民营企业虽然建立了现代企业制度，但仍会遇到基于"亲缘"的家族管理与现代企业治理之间的冲突，民营企业代际传承不顺畅的难题依然存在。新时代新征程，在坚持和完善社会主义基本经济制度进程中，我国民营企业的产权结构会加速趋于多元化。这将会促进所有权与经营权分离，股权多元化和资本社会化也将对民营企业经营和管理提出更高的要求。

三、民营经济高质量发展的推进路径

从政治经济学的视角来看，我国经济体制改革的核心是将民营经济从社会主义经济的"外部补充"上升到"内在要素"，构建高水平社会主义市场经济体制。新征程推进民营经济高质量发展，要在坚持"两个毫不动摇"和"三个没有变"的基础上，以全面深化改革为抓手持续优化营商环境，以新发展理念为引领推进民营经济转型升级，以弘扬优秀企业家精神为导向提升民营企业经营管理水平。

1. 以全面深化改革为抓手持续优化营商环境

目前，我国营商环境建设虽然已取得重大成就，但是政府与市场的关系仍未完全理顺，市场化、法治化、国际化水平仍有待进一步提升，还不能完全适应民营经济高质量发展。新征程上，在习近平经济思想指导下，通过全面深化改革进一步优化营商环境，为民营经济高质量发展提供更多机遇和空间。第一，坚持市场化改革，健全现代市场体系，高质量地优化配置资源。一方面，全面完善产权制度和交易制度，明确广大民营企业和个体工商户的产权边界，降低交易成本。全面实施"全国一张清单"的市场准入负面清单制度，健全清单的动态调整、第三方评估、信息公开等机制；另一方面，加快建设全国统一大市场，拓宽民营企业、个体工商户的发展视野、疏通渠道，使民营经济更高效地融入国

内大循环，获得更广阔的市场，更多元的供应链支持。第二，坚持系统观念，深化"放管服"改革，优化公平竞争的市场环境。一是继续推进商事制度改革，扩大民营企业市场准入，彻底破除显性和隐性壁垒，激发民营经济活力和创造力；二是推动市场监管模式和手段变革，推行"双随机、一公开"监管，开展跨部门、跨区域联合监管，推进信用监管和"互联网+监管"；三是提高数字政府建设水平，完善精准有效的政策环境，切实降低企业经营成本，破解中小民营企业融资难、融资贵的问题。第三，强化法治思维，提升营商环境法治化水平，优化平等保护的法治环境。法治是最好的营商环境，不断将营商环境建设经验上升为法律，保障民营经济市场主体平等使用资源要素、公开公平公正参与竞争。坚持以市场主体需求为导向优化制度供给，按照《优化营商环境条例》加快制定或修改、废止有关法律和行政法规，并健全政府与市场主体、行业协会、商会的协商机制。加快推进法治政府建设，从法律上把"三个平等"落实、落地、落细，健全执法和司法对民营经济的平等保护机制，依法保护企业产权和企业家权益。第四，树立正确义利观，全面构建亲清政商关系，促进民营经济健康发展。完善构建亲清政商关系的政策体系，健全规范化机制化政企沟通渠道，畅通企业家提出意见诉求通道。大力提升政府服务意识和能力，创新民营经济服务模式，完善相关政策制定和执行机制，建立政府诚信履约机制。

2.以新发展理念为引领推进民营经济转型升级

新时代新征程，在党的全面领导下，民营企业要践行新发展理念，深刻把握民营经济面临的机遇和挑战，转变发展方式、调整产业结构、转换增长动力，自觉走高质量发展之路。第一，推动民营经济走创新驱动发展之路。一方面，加强知识产权保护，激发民营企业自主创新的积极性，在推进科技自立自强和科技成果转化中发挥更大作用；另一方面，健全科技创新转化机制，积极发展面向民营企业的共性技术服务平台和技术市场，为民营企业自主创新提供技术支持和专业化服务。强化科研院所、高校与民营企业之间的技术合作，鼓励和引导民营企业在参与国家重大战略、国家重大工程、重点产业链供应链项目建设中实现新创新发展。第二，推动民营经济走全面协调发展之路。一是民营企业自身协调发展，因地制宜聚焦主业加快转型升级、优化重组，培育更多具有全球竞争力大型民营企业以及数量众多的"专精特新"中小民营企业；二是民营企业与国有企业协同发展以及大中小民营企业协同发展，发挥大型企业的引领和带动作用，支持中小企业创新发展，促进大中小企业产业链、供应链、服务链、创新链、资金链、人才链、数据链全面融通；三是地区间民营经济协调发展，发挥各自比较优势，加强产业分工协作，推动产业合理布局，助力城乡融合和区域协调发展，增强国民经济发展韧性和产业链供应链的稳定性。第三，推动民营经济走绿色低碳发展之路。引导民营企业主动把握绿色低碳发展新机遇，积极应对资源环境约束和国际竞争新挑战。一是全面强化民营企业绿色低碳发展意识和行动，加快推进民营工业企业入园，提高工业园区综合治理和环境监管能力；二是通过绿色低碳技术评估、交易体系和科技创新服务平台，加快推广先进成熟的减污降碳技术和绿色管理模式；三是各级政府要加强金融、税收、资金等财政政策激励，引导金融机构增加绿色资产配置，帮助民营企业降低节能减排投入成本；四是持续完善绿色供应链管理体系，支持民营企业开展节能降碳行动、落实"双碳"目标，引导民营企业设立节能降碳或绿色转型职能部门、编制绿色低碳发展行动方案。第四，推动民营经济走高水平开放发展之路。一是引导民营企业参与共建"一带一路",为"走出去"企业提供政策指引、完善风险防范体系、纾困解难,推动民营企业在参与国际经贸合作中不断增强竞争力;二是着力打造民营经济领域开放型国际合作平台,提升民营企业"走出去"组织化程度,引导服务民营企业深度参与RCEP框架下的区域经济一体化等国家重大布局;三是优化民营企业国际合作服务,丰富各类平台和载体,为"走出去"企业提供全方位支持,助力民营企业高水平国际化发展。第五,推动民营经济走全民共享发展之路。一方面,坚持价值引领,共享理念实质就是坚持以人民为中心的发展思想,体现的是逐步实现共同富裕的要求。"民营企业家要增强家国情怀,自觉践行以人民为中心的发展思想,增强先富带后富、促进共同富裕的责任感和使命感。""积极参与和兴办社会公益慈善事业,做到富而有责、富而有义、富而有爱。"另一方面,提高劳动报酬在初次分配中的比重,使其与劳动生产率提高同步。"民营企业要在企业内部积极构建和谐劳动关系,推动构建全体员工利益共同体,让企业发展成果更公平惠及全体员工。"

3. 以弘扬优秀企业家精神为导向提升民营企业经营管理水平

根据唯物辩证法,营商环境和市场环境只是民营经济发展的外因,对企业发展结果起决定性作用的是内因,即企业经营能力、管理水平和创新能力。民营企业家是民营经济发展的核心力量,新征程要以弘扬优秀企业家精神为导向提升民营企业经营管理水平。一方面,民营企业家要继续发扬艰苦奋斗、敢闯敢干、聚焦实业、做精主业的精神,争做爱国敬业、守法经营、创业创新、回报社会的典范,新征程谱写新的创业史;另一方面,各级政府要通过构建亲清政商关系、树立优秀企业家典型,带动全社会形成尊重创业者、尊重企业家的文化氛围,使创业创新创富成为全社会推崇的价值导向,让越来越多的企业家有志成为干事创业、为社会奉献的榜样。首先，占我国市场主体三分之二的个体工商户应依法经营、诚实守信，自觉履行劳动用工、安全生产、环境保护、职业卫生、公平竞争等方面的法定义务。个体工商户要提升知识产权的创造运用水平、增强市场竞争力，加快数字化发展，打造"百年老店"。其次，中小型民营企业要加强规范经营和制度建设，建立中国特色现代企业制度，推进企业产权的社会化和多元化，促进企业经营和管理的规范化。加快完善企业内部激励约束机制，规范优化组织结构和业务流程，推进质量、品牌、营销、财务等实现精细化管理，健全科学合理的劳动用工和收入分配制度。再次，大型民营企业要注重优化企业治理结构，建立内部监督管理机制，降低企业"代理成本"。加快建立健全规范的公司章程，完善公司股东会、董事会、监事会等制度，并明确各自职权及议事规则。特别地，民营企业要筑牢守法合规经营底线，认真履行环境保护、安全生产、职工权益保障、社会公益等责任。

《理论视野》2023年第4期

营造民营经济高质量发展新优势

沈丽霞　罗贞礼

高质量发展是全面建设社会主义现代化国家的首要任务，是中国式现代化的本质要求。民营经济作为中国式现代化的生力军，在面对国际环境日趋复杂、不稳定性不确定性明显增强的同时，当多管齐下，不断营造现代化产业体系、数字经济、现代商会、统一战线等民营经济高质量发展新优势，承担起更重责任、发挥出更大作用，为国家发展持续注入强大动力。

营造现代化产业体系优势

党的二十大报告将"建设现代化产业体系"作为加快构建新发展格局，着力推动高质量发展的重要组成部分。因此，为推动民营经济高质量发展，必须发挥好现代化产业体系这一现代化国家的物质技术基础优势。

现代化产业体系开启高质量跨越式发展新引擎。2023年12月召开

沈丽霞，中国民营经济研究会执行副会长兼秘书长、全国工商联研究室一级巡视员；罗贞礼，清华大学互联网产业研究院研究员、中国民营经济研究会高级专家。

的中央经济工作会议提出,"必须把坚持高质量发展作为新时代的硬道理""硬道理"这三个字,强调的是本质、是方略,强调了科学论断毋庸置疑的地位,也传递出贯彻科学论断的坚定决心。把高质量发展确定为新时代的"硬道理",既是适应中国社会主要矛盾变化的历史使然,也是应对复杂国际环境、统筹我国发展与安全的现实使然,更是遵循经济发展规律、推动从量变到质变的逻辑使然,体现了以发展为重心的进取信号。2024年政府工作报告提出"大力推进现代化产业体系建设,加快发展新质生产力"的工作任务,为建设现代化产业体系指明了发展的路径与着力点,即"以加快新质生产力发展为重点的现代化产业体系建设"。现代化产业体系包括未来产业与战略性新兴产业:一是以人工智能、量子信息、移动通信、物联网、区块链为代表的新一代信息技术加速突破应用;二是以合成生物学、基因编辑、脑科学、再生医学等为代表的生命科学领域孕育新的变革;三是融合机器人、数字化、新材料的先进制造技术正在加速推进制造业向智能化、服务化、绿色化转型;四是以清洁高效可持续为目标的能源技术加速发展将引发全球能源变革;五是空间和海洋技术正在拓展人类生存发展新疆域。可以看出,现代化产业体系由颠覆性技术而生,代表了未来竞争优势,并开启高质量跨越式发展新引擎。

构建现代化产业体系优势支撑民企高质量发展。产业不落实,发展就落空。惟有加快构建符合民企实际、时代特征的现代化产业体系,打造更多发展新优势,才能支撑民企高质量发展。为此,必须落实好现代化产业体系建设的两大实践向度。一是切实锚定"大幅提升全要素生产率"的实践向度。全要素生产率(TFP)是生产要素中除资本和劳动要素之外的其他要素对经济增长的贡献,亦称"索洛残值"。总的说来,影响全要素生产率提升的主要因素,包括技术进步、技术效率、资源配置效率和制度变迁。关注"全要素生产率提升",实际上就是改变依赖要素投入增长的粗放型增长方式为技术创新、优化资源配置内生性驱动以及体制与制度改革红利驱动的内涵型增长;应强化的现代化产业体系实践方向,核心是高水平科技自立自强与高水平对外开放,关键是充分释放宏观制度改革的红利,目标是持续推进高端化、智能化、绿色化技术的产业推广应用,进而支撑民企高质量发展。二是正确处理"现代产业与传统产业发展关系"的实践向度。现代产业与传统产业发展关系,简单反映为资源在产业间配置状态以及产业间技术经济联系,其优化形态则表征为产业结构合理化与高级化;产业结构合理化是产业结构高级化的基础,脱离合理化的产业结构高级化,其可能导致"产业空心化"。中国目前正处于"百年未有之大变局"的关键时期,从产业结构的演化趋势来看,存在"工业化趋势过快"问题,而具有"专业性强、创新性活跃、产业高度融合、带动就业作用显著"等特征的生产性服务业则发展潜力巨大,这无疑也为加快民企高质量发展留下了巨大空间。

营造数字经济优势

数字化技术手段逐渐成为全球各国经济变革的核心驱动力量,为民营企业提供了新的发展空间,对民营经济高质量发展具有显著的促进作用。

促进数字经济与民营经济的高质量多维度融合。数字经济发展的基本属性,主要体现在三个方面。一是数字经济发展的特性属性,包括高技术特性、高渗透特性、高融合特性、高增长特性和高安全特性;二是数字经济发展的变革属性，包括质量变革、效率变革、动力变革、管理变革、治理变革等属性；三是数字经济发展的路径属性，包括平台化、智能化、生态化、人性化、共享化等路径属性。随着数字经济的迅猛发展，其"路径属性"也无处不体现着数字经济所主导的、与民营经济融合的多维路径趋势；在数字化时代，数字经济与民营经济的高质量融合，自然成为了推动民营经济高质量发展的重要途径。为此建议，通过政府和行业持续优化融合的制度环境，如加快制定和修订与数字经济相关的法律法规、行业内部应推动技术标准的统一和可操作性；不断加大技术投入和创新力度，如构建一个全面的技术更新支持体系、通过加大资金支持和政策优惠力度来协助中小型民营企业进行技术升级；多元协同推进民营企业数字化进程，如政府应为中小型民营企业提供资金补贴和税收优惠、减轻它们在市场准入阶段的经济压力；多渠道培育复合型数字人才，如政府和企业应共同加大对数字技术教育和培训的投入等系列措施，以确保数字经济与民营经济的高质量融合。

聚焦数字经济打造民营经济高质量发展新引擎。数字经济不仅改变了传统的商业模式和经济结构，还为民营经济在市场机会拓展、运营效率提升和竞争格局重塑等方面带来良好机遇与发展优势。从宏观视角看，建设数字中国是数字时代推进中国式现代化的重要引擎，是构筑国家竞争新优势的有力支撑。通过数字技术赋能，民营经济可以更快提升自身效率，增强其整体竞争力；通过数字技术结合，可以提升民营企业产品品质，并能让其产品附带更多功能，让市场更加广阔；通过数字技术融合，可以解决民营企业发展中的诸多现实痛点难点问题，并有助于扭转传统经济中民营企业的弱势地位。从微观视角看，民营企业投身高质量发展，既是新时代赋予的客观使命，也是续写中国式现代化新篇章的主观自觉，需要从强化大众数字素养的普遍落地、数字技术与实体经济的深度融合、数字平台功能的优化提升、数字惠企服务的便捷暖心、数字产业生态的开放共赢等更多细分措施入手，不断形成民营经济高质量发展合力。由此，聚焦数字经济打造民营经济高质量发展新引擎，不再是一道选择题，而是一道必答题。

营造现代商会优势

现代商会具有其自身得天独厚的优势，是政府和企业之间的桥梁；其使命也很清楚，就是促进新型政商关系，促进地方经济发展，促进地方招商引资，同时助力民营经济高质量发展，促进民营企业家健康成长。

现代商会是企业和政府之间的桥梁。国家高度重视现代商会组织的建设，既充分肯定了商会组织在促进我国经济和社会发展中所发挥出的作用，同时也赋予了我国现代商会组织更加艰巨的职责和使命；而中国市场经济的不断发展与政府职能转变的加快推进，从更高认知层面促使现代商会的重要性日益凸显。与西方商会相比，中国现代商会既具有深厚的文化软实力与活跃的区域协同力，又具有"三性（统战性、经济性、民间性）统一"的独特优势，担当着"服务员""宣传员""联络员""监督员"等多个角色，在招商引资、宣传政策、提供服务、反映诉求、维护权益、加强自律及公益捐赠等方面发挥积极作用，是企业和政府之间的桥梁。这些优势的有效发挥，一方面能够协助政府进行行业管理和市场监管，通过制定行业规范和自律准则，规范企业行为，维护市场秩序；另一方面能够为企业提供有效交流合作的平台，通过及时传达政府的政策法规，帮助企业更好地理解和适应政策变化，避免因不了解政策而陷入经营困境，同时能更好探明现代商会发挥重要作用的可能路径。

全联直属商会综合影响力持续增强。在全国工商联的领导下，全联各直属商会以建设中国特色一流商会为目标，成为政治引导、经济服务、诉求反映、权益维护、诚信自律、协同参与社会治理的中国特色商会组织，不断加强规范化建设，提升工作质量和效能，以久久为功的恒心、敢于破圈的闯劲，主动整合多方资源，重点聚焦行业特色，讲好品牌故事，其自身综合影响力得到持续增强。数据显示，截至2024年2月，全国工商联31家直属商会班子成员中民营企业家共有1200余人，所属企业规模相对较大、行业代表性较强；会员覆盖率不断扩大，31家商会共有直属会员近2万家，联系企业5万余家；31家直属商会中共有全国先进社会组织2家，全国4A级社会组织4家，全国"四好"商会14家。各直属商会从立足行业特点、满足会员需要出发，努力搭建会员、行业、政府之间的沟通桥梁，举办系列特色亮点活动，形成特色工作品牌，投身"万企兴万村"光彩事业，助力乡村振兴和区域经济发展，积极构建和谐劳动关系，弘扬优秀企业家精神，有效推动商会建设迈上新台阶，不断促进商会提高服务企业、服务社会的水平和能力，并持续助力民营经济高质量发展。

营造统一战线优势

2020年发布的《关于加强新时代民营经济统战工作的意见》指出，推进民营经济高质量发展，是民营经济统战工作的题中应有之义，是衡量工作成效的重要标准。因此,在新时代新征程中,为推动民营经济高质量发展,发挥好统一战线的显著优势和独特作用不可或缺。

推进民营经济高质量发展,是强化统战工作的重要体现。民营经济是我国经济制度的内在要素和中国特色社会主义的重要经济基础,是统一战线的重要组成对象,"两个健康"也是非公有制经济领域统战的主题。完善大统战工作格局,则是习近平总书记关于做好新时代党的统一战线工作的重要思想的重要内容,是做好新时代统战工作的重要保障,也是进一步全面深化改革、为推进中国式现代化凝心聚力的重要举措。在中国共产党的坚强领导下,随着中国经济的高质量发展,尤其是民营经济发展规模不断扩大,一大批企业家快速成长壮大起来,党中央、国务院高度肯定民营经济和民营企业家的作用,提出了"56789"理论,党的民营经济统战工作也不断开拓创新,积累宝贵经验,取得新的成效。同时也应看到,进入新时代新征程,民营经济人士的价值观念和利益诉求日趋多样,民营经济统战工作面临的风险挑战也明显增多。推进民营经济高质量发展,既是加强和创新民营经济统战工作的需要,又是加强民营经济统战工作的重要体现,有利于广大民营经济人士听党话、跟党走,以高质量发展为中国式现代化做出更大的贡献。

发挥好统一战线的多维优势,推动民营经济高质量发展。统一战线具有多维优势。发挥统战政治优势,通过形成有利于民营经济发展的政策环境、法治环境、市场环境、社会环境,能为促进民营经济高质量发展优化决策提供保障;发挥统战人才优势,通过汇聚群英荟萃、智力密集的人才力量,能为促进民营经济高质量发展凝聚智力效应;发挥统战社会优势,通过有效化解人民内部矛盾、积极凝聚市场中各方力量,能为促进民营经济高质量发展发挥协调关系作用。要进一步提高站位,紧紧锚定"两个确保",增强服务高质量发展的政治自觉;要进一步凝心聚力,认真贯彻党的二十届三中全会精神,不断提升服务高质量发展的实践质效;要进一步加强协作,用足资源深挖潜力,努力提高招引精度,不断取得招商引资新成效;要进一步强化政策支撑,扩大宣传影响,压实服务高质量发展的责任担当;要进一步树牢结果导向,发挥统一战线独特优势,弘扬严实作风,助力民营经济高质量发展。

《经济》2024年第12期

三 扎扎实实落实促进民营经济发展的政策措施

同心协力谱写民营经济发展新篇章 / 全国政协经济委员会

坚定不移促进民营经济发展壮大 / 中共全国工商联党组

系统优化民营经济发展环境 / 韩文秀

构建亲清政商关系助推经济高质量发展 / 中国纪检监察杂志社课题组

进一步强化促进民营经济发展壮大的法治保障 / 肖京

同心协力谱写民营经济发展新篇章

全国政协经济委员会

2025年2月17日,习近平总书记在出席民营企业座谈会时发表的重要讲话,站在党和国家事业发展全局高度,充分肯定民营经济发展取得的重大成就和为国家经济社会发展作出的重要贡献,提出一系列促进民营经济健康发展、高质量发展的新观点新论断。习近平总书记在参加十四届全国人大三次会议江苏代表团审议时强调:"要全面落实民营企业座谈会精神,一视同仁对待各种所有制企业,持续优化营商环境。"

党的十八大以来,习近平总书记高度重视民营经济发展,提出使市场在资源配置中起决定性作用等重大论断,明确公有制经济和非公有制经济都是社会主义市场经济的重要组成部分,都是我国经济社会发展的重要基础;多次强调"三个没有变",指出"民营企业和民营企业家是我们自己人";提出"民营经济是我们党长期执政、团结带领全国人民实现'两个一百年'奋斗目标和中华民族伟大复兴中国梦的重要力量";强调坚持权利平等、机会平等、规则平等,鼓励支持民营经济和民营企业发展壮大;指出"无论是国有企业还是民营企业,都是促进共同富裕的重要力量,都必须担负促进共同富裕的社会责任"。本次座谈会上,习近平总书记鲜明指出:"党和国家对民营经济发展的基本方针政策,已经纳入中国特色社会主义制度体系,将一以贯之坚持和落实,不能变,也不会变",提出"胸怀报国志、一心谋发展、守法善经营、先富促共富,为推进中国式现代化作出新的更大的贡献"等新要求,必将为民营经济进一步发展壮大注入强大信心和动力。

深刻领会习近平总书记重要讲话的精神实质

习近平总书记指出:民营企业是伴随改革开放伟大历程蓬勃发展起来的。几十年来,关于对民营经济在改革开放和社会主义现代化建设事业中地位和作用的认识、党和国家对民营经济发展的方针政策,我们党理论和实践是一脉相承、与时俱进的。习近平总书记的重要讲话立意高远、思想深邃、论述精辟、内涵丰富,为我们把握民营经济与改革开放事业的关系提供了科学指引。

(一)改革开放为民营经济发展壮大提供了广阔空间。改革开放是当代中国大踏步赶上时代的重要法宝,民营经济是改革开放的重大成果,同时又是改革开放的重要参与者、推动者、贡献者。伴随改革开放的大幕徐徐展开,民营企业如雨后春笋般蓬勃发展,民营经济从小到大、由弱变强。特别是党的十八大以来,以习近平同志为核心的党中央全面推进改革开放,习近平总书记亲自主持召开企业家座谈会,亲自部署设立民营经济发展工作机构,亲自推动促进民营经济发展壮大政策文件出台实施,亲自推动从制度和法律上把对国企民企平等对待的要求落实下来,为民营经济发展壮大提供了强大支撑。截至2024年9月,我国实有民营经济主体总量达1.8亿户,占经营主体总量的96.37%,民营经济成为我国社会主义市场经济的重要组成部分。

(二)党中央一以贯之的方针政策为民营经济发展壮大提供了坚实保

三、扎扎实实落实促进民营经济发展的政策措施

障。在深入推进改革开放伟大事业进程中，党和国家越来越明确"两个毫不动摇"是必须长期坚持的大政方针，党和国家对民营经济发展的基本方针政策，已经纳入中国特色社会主义制度体系，是长久之策、固本之举。党的十二大提出"在农村和城市，都要鼓励劳动者个体经济在国家规定的范围内和工商行政管理下适当发展，作为公有制经济的必要的、有益的补充"，党的十五大提出"非公有制经济是我国社会主义市场经济的重要组成部分"，党的十六大首次提出坚持"两个毫不动摇"，党的十九大把"两个毫不动摇"写入新时代坚持和发展中国特色社会主义的基本方略，党的二十大提出"优化民营企业发展环境，依法保护民营企业产权和企业家权益"，党的二十届三中全会强调"坚持致力于为非公有制经济发展营造良好环境和提供更多机会的方针政策"，持续强化制度基础、营造良好环境。

（三）民营企业为经济高质量发展注入了强大动力。党的十八大以来，民营经济占全国GDP比重由不到50%升至60%以上，在稳增长、促创新、保就业等方面发挥了重要作用。民营企业在推动科技创新、培育新质生产力、建设现代化产业体系、促进区域协调发展等方面的作用不可替代。2023年，民营企业研发投入前1000家企业研发费用1.39万亿元，同比增长12.7%；专精特新中小企业中，民营企业占95%；2024中国民营企业500强中，84.2%的企业采取措施推进绿色低碳转型。在党中央和各地区各部门政策措施的支持和服务保障下，民营企业必将通过提高资源配置效率、激发创新创业效能、赋能市场竞争机制等渠道，在新发展格局中发挥更为重要的作用。

（四）新时代新征程民营经济发展前景广阔、大有可为。新征程上，改革开放将进一步全面深化，民营经济发展拥有更加光明的前景和未来。

随着全面深化改革不断推进,社会主义市场经济体制和法治体系不断健全完善,市场在资源配置中的决定性作用充分发挥,政府宏观调控更加科学有效,将为民营经济营造更好的发展环境。同时,新一轮科技革命和产业变革深入发展,新产业、新业态、新模式不断涌现,民营企业机制灵活、创新意识强,能够快速适应市场变化,在新兴领域大有可为。此外,我国超大规模市场优势明显,内需潜力巨大,随着居民收入水平提高和消费结构升级,民营企业市场空间巨大。在乡村全面振兴、区域协调发展、高质量共建"一带一路"等实施过程中,民营企业也将发挥重要作用,迎来新的机遇。

准确学习把握习近平总书记重要讲话精神的实践要求

习近平总书记在民营企业座谈会上指出:"扎扎实实落实促进民营经济发展的政策措施,是当前促进民营经济发展的工作重点。凡是党中央定了的就要坚决执行,不能打折扣。"要强化全局意识、系统观念、法治精神,把各项政策落实到位。

(一)坚决破除依法平等使用生产要素、公平参与市场竞争的各种障碍。要进一步完善市场准入制度,持续推进基础设施竞争性领域向各类经营主体公平开放,确保民营企业在市场准入、项目审批、土地使用、融资等方面与国有企业享受同等待遇,支持民营企业积极参与"两重"建设、"两新"工作。全面实施市场准入负面清单制度,推动"非禁即入"普遍落实。加强反垄断和反不正当竞争执法,维护公平竞争的市场秩序。

(二)着力解决拖欠民营企业账款问题。加强宣传阐释,进一步凝聚

"着力解决拖欠民营企业账款问题"具有重要意义的共识。推动相关部门和经营主体落实责任,用好新增地方政府专项债等政策,防止边清边欠、相互拖欠。助力建立健全防范和化解拖欠民营企业账款长效机制和完善账款支付保障制度,规范支付行为,营造"不敢欠""不能欠"的社会环境,强化民营企业回款预期,增强企业经营信心。

(三)切实依法保护民营企业和民营企业家合法权益。法治是最好的营商环境。要依法平等长久保护各种所有制经济产权,加强产权执法司法保护,对侵犯各种所有制经济产权和合法利益的行为实行同责同罪同罚,加大对知识产权侵权行为的打击力度。强化执法监督,规范涉企执法,集中整治乱收费、乱罚款、乱检查、乱查封等行为,坚决杜绝违规异地执法和趋利性执法。加强普法宣传和"送法进企业",依托行业协会和商会建立民营企业维权平台,优化涉企法律服务,满足企业基本法治需求。

(四)认真落实各项纾困政策。2023年,《中共中央国务院关于促进民营经济发展壮大的意见》印发,发挥促进民营经济发展壮大部际联席会议制度作用,在解决跨区域、跨部门难点堵点问题上持续发力。当前需要加强政策宣传解读,提高政策知晓度,让民营企业充分了解和享受政策。根据民营企业的实际需求和困难,进一步优化政策措施,提高政策精准度实效性。注重政策协同配合,加强政策合规性审查、风险性评估和可行性论证,形成政策合力。同时,要持续动态加强政策执行情况跟踪评估,及时调整完善,确保政策符合企业实际和市场变化。

(五)进一步构建亲清政商关系。亲清政商关系是促进民营经济发展的重要保障。要主动作为,靠前服务,宣讲党和国家关于支持民营经济发展政策举措,为民营企业用好政策做好服务。要积极了解企业诉求,听取意见建议，为民营企业排忧解难。在坚守底线同时，通过帮助企业解决实际问题来增进了解、增进情谊，同向发力构建亲清政商关系。

提高民营企业担当时代使命的行动自觉

"企业是经营主体，企业发展内生动力是第一位的"。习近平总书记的重要论断为民营企业向"新"而行、向"高"攀登划好了重点。民营企业要勇担重任、善作善成，坚定做中国特色社会主义的建设者、中国式现代化的促进者。

（一）在助推高质量发展中办好世界一流企业。要不断提升理想境界、厚植家国情怀，以强烈的历史主动勇担时代责任，坚决执行党和国家方针政策，坚守主业、做强实业，专心致志做好产品、发展好企业。把准民营企业现代治理的政治方向，将党的领导、以职工代表大会为基本形式的民主管理等与现代企业治理结合起来，从战略决策、资源配置、内部监督、风险防范、品牌价值、国际化程度等维度与世界一流企业对标，以卓越的公司治理激发企业动力活力。

（二）在弘扬企业家精神中夯实基业长青的基础。习近平总书记在多个重要场合强调要弘扬企业家精神，鲜明指出："市场活力来自于人，特别是来自于企业家，来自于企业家精神。"爱国情怀是企业家精神的价值体现，要树立正确的价值观和道德观，自觉把个人理想融入中国式现代化伟大实践之中。带头诚信守法，勇于改革创新，增强经济发展内生动力。富而思源、富而思进，更多回报社会，助力实现共同富裕。企业的健康发展离不开企业家精神的激发和传承，企业家要向优秀同行看齐，完善治理结构和管理制度，珍视企业和自身形象，以恒心办恒业，促进企业组织力、领导力、凝聚力、竞争力极大提升。

（三）在锐意改革创新中提升核心竞争力。企业保持市场领先地位的核心在于技术创新，民营企业要注重技术革命推动，加强创新研发投入，加快转型升级，积极探索新技术、新模式、新业态，实现智能化、数字化、绿色化发展，在转型传统产业、培育新兴产业、布局未来产业中展现更大作为。民营企业是科技创新的重要力量，要积极参与国家重大科技项目，勇攀创新创造的"高原""高峰"，推动产学研深度融合，促进提升国家创新体系整体效能。同时，要坚持全球化布局，通过技术突破或模式创新，强链补链延链，提升品牌国际影响力，勇于在全球竞争中大展身手。

（四）在坚持诚信守法经营中营造良好环境。依法经营、依法治企、依法维权，是民营企业健康发展、行稳致远的根本保证。要明白只有守法才能得到法律保护，提升法治素养，增强法治观念，坚持诚信为本，在决策和管理中强化法律风险意识，统筹考虑依法合规与速度效率的问题，争做新时代法治经济的推动者。要积极主动同党委政府沟通交流，讲真话、说实情、建诤言，建设法治民企、清廉民企。举凡发展壮大的民营企业，无不锚定诚信守法底线，讲正气、走正道，在合法合规中迎来发展。

（五）在积极履行社会责任中为国担当、为民造福。民营企业要胸怀"国之大者"，把企业发展同国家繁荣、民族兴盛、人民幸福紧密结合在一起。2015年到2021年，民营企业开展"万企帮万村"行动，有12.7万家民营企业精准帮扶13.91万个贫困村，为打赢脱贫攻坚战作出了贡献。2021年，民营企业接续开展"万企兴万村"行动，有23.51万家民营企业帮扶16.19万个村，为巩固拓展脱贫攻坚成果同乡村振兴有效衔接作出了贡献。新征程上，要积极参与"百城千校万企"促就业行动，拓展就业岗位。要主动投身加快绿色发展、区域协调发展、高质量共建"一带一路"等，主动参与"民营企业进边疆"等行动，积极参与和兴办社会公益慈善事业，走先富促共富之路。

我们将认真学习领会习近平总书记重要讲话精神，团结引领所联系委员特别是民营企业家委员深刻认识自身肩上承担的时代重任，自觉担负起党和国家的重托，把深沉的家国情怀倾注到企业发展、报效国家的实际行动之中，办好一流企业，创造更多经济效益和社会效益。我们将扎实开展委员履职"服务为民"活动，引领民营企业家委员助力乡村全面振兴、助推高质量充分就业，做到富而思源、富而思进，用企业家的胆识和实干者的担当为实现高质量发展注入不竭动力、作出更大贡献。

《人民日报》（2025年03月08日　第13版）

坚定不移促进民营经济发展壮大

中共全国工商联党组

党的二十大擘画了全面建设社会主义现代化国家的宏伟蓝图，明确了以中国式现代化全面推进中华民族伟大复兴的中心任务，鲜明提出"促进民营经济发展壮大"的重要决策。习近平总书记在2022年中央经济工作会议上强调，要从政策和舆论上鼓励支持民营经济和民营企业发展壮大。工商联作为党领导的以民营企业和民营经济人士为主体的人民团体和商会组织，必须深刻领会、深入贯彻党的二十大和中央经济工作会议精神，牢牢把握新时代新征程的中心任务，以高度的政治责任感和历史使命感，围绕促进"两个健康"主题积极履职尽责，在促进民营经济发展壮大中更好发挥作用，为全面建设社会主义现代化国家贡献力量。

一、充分认识民营经济在全面建设社会主义现代化国家新征程中的重要地位和作用

支持民营企业发展，是党中央的一贯方针。党的十八大以来，以习近平同志为核心的党中央坚持"两个毫不动摇"，对民营经济发展和民营企业家成长给予高度重视和亲切关怀。习近平总书记充分肯定我国民营经济的重要地位和作用，强调民营企业和民营企业家是我们自己人；民

| 民营经济：中国式现代化的重要力量 |

营经济是我们党长期执政、团结带领全国人民实现"两个一百年"奋斗目标和中华民族伟大复兴中国梦的重要力量；在全面建设社会主义现代化国家的新征程中，我国民营经济只能壮大、不能弱化，不仅不能"离场"，而且要走向更加广阔的舞台。总书记先后就加强产权保护、弘扬企业家精神、优化营商环境、支持民营企业改革发展、构建亲清政商关系、加强民营经济统战工作等提出明确要求。党中央、国务院有关部门和各级党委政府从市场准入、营商环境、减税降费、融资支持等方面出台系列政策举措，为民营经济和民营企业发展壮大提供了有力支持。民营企业数量从2012年的1085.7万户增长到2022年的4700多万户，10年间翻了两番多；在国家级专精特新"小巨人"企业中，民营企业占比超过80%；民营上市公司数量突破3000家；在世界500强企业中，我国民营企业由2012年的5家增加到2022年的28家。

党的二十大着眼现代化建设全局，围绕加快构建新发展格局、着力推动高质量发展，对促进民营经济发展壮大提出明确要求。我们必须充分认识民营经济在全面建设社会主义现代化国家新征程中的重要地位和作用，更加深刻领悟党中央高度重视和促进民营经济发展壮大的战略部署和决策意图。

从改革开放和现代化建设的伟大实践看，改革开放40多年来，在党的方针政策指引下，我国民营经济从小到大、由弱到强，具有"56789"的特征，即贡献了50%以上的税收，60%以上的国内生产总值，70%以上的技术创新成果，80%以上的城镇劳动就业，90%以上的企业数量。党的十八大以来，广大民营企业践行新发展理念，主动参与供给侧结构性改革和国家重大战略实施，助力统筹新冠疫情防控和经济社会发展，在总体规模和实力实现新跨越的同时，加快转入高质量发展轨道。实践充分说明，我国经济发展能够创造举世瞩目的中国奇迹，我们能够打赢脱贫攻坚战、如期全面建成小康社会、实现第一个百年奋斗目标，民营经济和民营经济人士功不可没。在新征程上，续写中国奇迹新篇章，任务将更加艰巨，更需要促进民营经济发展壮大，激发广大民营企业家创新创业创造的动力和活力。

从全面建设社会主义现代化国家的首要任务看，没有坚实的物质技术基础，就不可能全面建成社会主义现代化强国。高质量发展是全面建设社会主义现代化国家的首要任务。习近平总书记指出，民营经济是推进供给侧结构性改革、推动高质量发展、建设现代化经济体系的重要主体，这深刻揭示了民营经济在高质量发展这个首要任务中的重要地位。要实现高水平科技自立自强、高水平对外开放，推动经济实现质的有效提升和量的合理增长，加快构建新发展格局，离不开民营经济发展水平和质量的持续提升，离不开具有国际竞争力的优秀民营企业的茁壮成长。

从实现国家治理体系和治理能力现代化的制度保障看，公有制为主体、多种所有制经济共同发展，按劳分配为主体、多种分配方式并存，社会主义市场经济体制等社会主义基本经济制度，是党和人民的伟大创造，是中国特色社会主义制度的重要支柱，是我国国家制度和国家治理体系的一大显著优势。民营经济作为我国经济制度的内在要素，始终是坚持和发展中国特色社会主义的重要经济基础；民营经济人士作为我们自己人，始终是我们党长期执政必须团结和依靠的重要力量。党的二十大重申坚持和完善社会主义基本经济制度，强调"两个毫不动摇"。中央经济工作会议把坚持"两个毫不动摇"明确为做好经济工作必须坚持的经验之一，把切实落实"两个毫不动摇"作为2023年经济工作重点任务之一。

二、努力引导民营经济在全面建设社会主义现代化国家新征程中把握正确发展方向

党的二十大集中概括了中国式现代化的中国特色，深刻揭示了中国式现代化的本质要求，为谋划部署全面建设社会主义现代化国家的战略任务和举措提供了总依据。中央经济工作会议对做好今年经济工作作出全面部署。我们将着力引导民营企业和民营经济人士深刻理解中国式现代化的中国特色和本质要求，完整、准确、全面贯彻新发展理念，洞察大势、把握方向，发挥优势、补上短板，在全面建设社会主义现代化国家新征程上行稳致远，作出应有贡献。

坚持创新驱动，加快实现高质量发展。创新是引领发展的第一动力。党的二十大强调坚持创新在我国现代化建设全局中的核心地位，提出加强企业主导的产学研深度融合，强化企业科技创新主体地位，发挥科技型骨干企业引领支撑作用。中央经济工作会议强调，狠抓传统产业改造升级和战略性新兴产业培育壮大，着力补强产业链薄弱环节，在落实碳达峰碳中和目标任务过程中锻造新的产业竞争优势。这些都为民营企业创新发展指明了方向。工商联将引导广大民营企业坚定走创新驱动发展道路，抓住数字化、网络化、智能化机遇，顺应绿色化转型方向，把握标准化发展趋势，助推开辟发展新赛道、塑造竞争新优势，在带领企业发展壮大的过程中，推动厚植现代化的物质基础、夯实人民幸福生活的物质条件。

践行以人民为中心的发展思想，努力促进共同富裕。坚持以人民为中心的发展思想，是全面建设社会主义现代化国家必须牢牢把握的一条重大原则。党的二十大指出中国式现代化是全体人民共同富裕的现代化，

强调全面推进乡村振兴、促进区域协调发展、完善分配制度、实施就业优先战略等。中央经济工作会议对落实落细就业优先政策、全面推进乡村振兴再次作出部署。在推进共同富裕的伟大实践中，民营企业和民营企业家既是受益者，更是实践者。工商联将引导民营经济人士践行以人民为中心的发展思想，着眼助推缩小城乡发展差距、区域发展差距和收入分配差距，坚持先富带后富、帮后富，健全员工工资合理增长机制，积极投身国家战略和区域发展战略，积极投身乡村振兴和光彩事业，热心支持公益慈善事业，当好辛勤劳动、合法经营、敢于创业的致富带头人，促进提高发展的平衡性、协调性、包容性。

提升企业国际竞争力，积极参与高水平对外开放。 高水平对外开放是构建新发展格局的必然要求和重要前提。党的二十大强调稳步扩大规则、规制、管理、标准等制度型开放，推动共建"一带一路"高质量发展，深度参与全球产业分工和合作。中央经济工作会议提出要推进高水平对外开放，提升贸易投资合作质量和水平。这些重要部署必将为民营企业"走出去"提供更加广阔的空间。工商联将引导民营企业家立足中国、放眼世界，支持和服务企业积极参与全球范围内的产业分工和资源配置，积极参与高质量共建"一带一路"，提高把握国际需求、适应国际规则、引领国际标准、开拓国际市场的能力，提高中国产品、中国制造、中国品牌的全球竞争力和美誉度，在加强经贸交流、互利合作中讲好中国故事，为世界共同繁荣与和平发展作贡献。

大力弘扬企业家精神，传承发展中华商业文明。 市场活力来自人，特别是来自企业家，来自企业家精神。党的二十大强调，弘扬企业家精神，促进非公有制经济健康发展和非公有制经济人士健康成长。中央经济工作会议进一步强调支持企业家创业、激发企业家精神。工商联将引导民营经济人士加强自我学习、自我教育、自我提高，热爱祖国、热爱人民、热爱中国共产党，自觉践行社会主义核心价值观，弘扬企业家精神，弘扬义利兼顾、以义为先，自强不息、止于至善的光彩精神，争做爱国敬业、守法经营、创业创新、回报社会的典范，为传承发展中华商业文明作出积极贡献。

加快绿色低碳转型，助力推动美丽中国建设。 推动经济社会发展绿色化、低碳化是实现高质量发展的关键环节。党的二十大强调加快发展方式绿色转型、深入推进环境污染防治。中央经济工作会议提出推动经济社会发展绿色转型，协同推进降碳、减污、扩绿、增长。工商联将引导民营企业把绿色发展纳入长期战略，把绿色和节约理念融入企业文化，加快融入和构建绿色产业链。引导民营企业用好绿色金融支持政策和减污降碳激励约束机制，加快研发绿色低碳技术和产品，积极参与环境污染防治，助力落实"双碳"目标，为建设美丽中国作贡献。

三、以优化民营企业发展环境的实际举措促进民营经济发展壮大

好环境成就好企业，增信心重在优环境。党的二十大报告提出要优化民营企业发展环境，并强调完善产权保护、市场准入、公平竞争、社会信用等市场经济基础制度，优化营商环境。中央经济工作会议围绕促进民营经济发展壮大作出了一系列政策部署和机制安排。各级工商联将有效发挥桥梁纽带和助手作用，努力营造宜商惠企的政策环境、公正透明的法治环境、公平竞争的市场环境、尊商亲商的社会环境，帮助广大民营经济人士稳定发展预期、提振发展信心，更好地把他们的智慧和力

三、扎扎实实落实促进民营经济发展的政策措施

量凝聚到全面建设社会主义现代化国家的伟大事业中来。

及时推动政策落地落实。当前,受多重因素影响,民营企业生产经营遇到较大困难,许多企业家对政策落地落实抱有更多期待。工商联将协同政策制定部门开展涉企政策宣传解读,利用现代信息技术手段,推动政策进商会、进企业,确保企业应知尽知、应享尽享。围绕科技创新、产业扶持、绿色低碳、税费减免、社保延期、融资可及性等政策落实情况深入调查研究,开展民营企业季度运行状况调查,及时准确掌握民营企业政策诉求,协同相关部门推动政策进一步完善落实。加强对民营企业家的政治引领和思想引导,通过组织多层次的形势政策教育活动,讲清楚当前面临的形势任务、党中央的大政方针、推动经济运行整体好转的有利条件和光明前景,引导民营企业家正确认识时与势、辩证把握危和机、提振发展信心。

促进依法保护民营企业产权和企业家权益。法治是最好的营商环境。党的二十大提出依法保护民营企业产权和企业家权益,中央经济工作会议对此再次作出强调。工商联将继续完善法律服务体系,加强上下联动及与公检法司的横向协作,加强对社会化专业服务资源的有效整合,用好立法协商、法律维权、法治宣传、商会调解等工作机制和载体,在依法保护民营企业产权和企业家权益上发挥积极作用。协同推出一批民营企业产权保护典型案例,改进对中小微企业的法律服务,让企业家放心创业、安心经营、专心发展。

推动全面构建亲清政商关系。构建亲清政商关系是营造良好政治生态、优化营商环境的重要保障。党的二十大提出全面构建亲清政商关系的明确要求。中央经济工作会议强调,各级领导干部要为民营企业解难题、办实事,构建亲清政商关系。工商联具有连接"政"和"商"的优

势，在增进和规范政商交往中要发挥"黏合剂"和"防火墙"的作用。一方面，积极搭建政企沟通协商平台，持续完善政企面对面、亲清直通车等品牌，扩大不同行业和规模民营企业参与的覆盖面，切实推动党委政府与民营企业通过工商联深度沟通、有效协商，形成共谋发展、共促创新的合力。另一方面，发挥工商联民主监督优势，围绕民营企业需求和企业家感受，持续改进和优化万家民营企业评营商环境工作，推动地方党委政府更大力度优化营商环境、激发企业动能。

维护和促进市场公平竞争。公平竞争是市场经济的基本原则。党的二十大就构建高水平社会主义市场经济体制和全国统一大市场作出专门部署，要求加强反垄断和反不正当竞争，破除地方保护和行政性垄断，依法规范和引导资本健康发展。中央经济工作会议强调，要从制度和法律上把对国企民企平等对待的要求落下来。工商联将把推动破除制约民营企业公平参与市场竞争的制度障碍作为一项重点工作来抓，用好各类议政建言平台，及时反映民营企业诉求，协同配合有关部门全面梳理涉企法律法规和政策文件，推动清理和修订违反公平开放透明市场规则的法律和政策规定，推动破除在审批许可、市场准入、招投标、要素获取等方面的隐性壁垒，把公平竞争原则落到实处。加强反垄断和反不正当竞争政策法规的宣传教育，发挥商会自治自律作用，引导民营资本健康有序发展。

协同防范化解民营经济领域重大风险。安全是发展的基础和前提。党的二十大对统筹发展和安全作出系统部署，中央经济工作会议把"有效防范化解重大经济金融风险"作为今年经济工作的重点任务之一进行了重点部署。近年来，受多重因素影响，一些大型民营企业、部分行业头部企业生产经营风险开始暴露。工商联将把党中央关于统筹发展和安全的要求贯穿工作始终,加强与金融、网信、公安等部门的协同,持续加强稳健经营、安全发展教育,帮助企业健全内部治理体系,增强依法合规经营、防范化解风险的意识和能力;持续做好重点行业、重点企业风险监测和预警,协同相关部门有效处置企业重大风险,促进民营经济持续健康发展。

营造良好社会舆论氛围。舆论生态是重要的发展环境。党的二十大提出推动形成良好网络生态,中央经济工作会议强调从政策和舆论上鼓励支持民营经济和民营企业发展壮大。针对社会上出现的质疑我国基本经济制度、动摇社会主义市场经济改革方向、否定民营经济地位作用的杂音噪音,工商联将持续加大对中央决策部署的宣传,正确解读党和政府的大政方针、理念主张,廓清民营企业家的模糊认识,同时针对错误言论,毫不含糊地亮明态度、正本清源。加强正面宣传,广泛宣传民营企业的重要作用和贡献,推出一批敢闯敢干、改革创新的民营企业家先进典型,为民营经济健康发展营造清朗的舆论环境。

《求是》2023年第4期

系统优化民营经济发展环境

韩文秀

民营经济是社会主义市场经济的重要组成部分,是我国经济制度的内在要素,是我们党长期执政、团结带领全国人民实现"两个一百年"奋斗目标和中华民族伟大复兴中国梦的重要力量。党的十八大以来,习近平总书记围绕促进民营经济发展壮大发表一系列重要讲话,构成习近平经济思想的重要内容。我们要深入学习领会和全面贯彻落实习近平总书记关于民营经济的重要论述,落实好党的二十大决策部署,毫不动摇巩固和发展公有制经济,毫不动摇鼓励、支持、引导非公有制经济发展,优化民营经济发展环境,促进民营经济发展壮大。

一、深刻领会习近平总书记关于民营经济的重要论述

(一)民营经济发展壮大是改革开放的重大成果

改革开放以来,在党的领导和关心支持下,我国民营经济从小到大、由弱变强,不断发展壮大。我国的民营经济是在党的方针政策指引下发展起来的,没有改革开放,就不可能有民营经济发展的今天。党的十一

韩文秀,中央财办分管日常工作的副主任、中央农办主任。

届三中全会后，我们党破除所有制问题上的传统观念束缚，为民营经济发展打开大门。党的十二大第一次明确个体经济是"公有制经济的必要的、有益的补充"。党的十三大提出"私营经济一定程度的发展，有利于促进生产，活跃市场，扩大就业，更好地满足人民多方面的生活需求，是公有制经济必要的和有益的补充"。1988年宪法修正案明确了私营经济的法律地位。党的十五大第一次将"公有制为主体、多种所有制经济共同发展"确立为我国的基本经济制度，明确提出"非公有制经济是我国社会主义市场经济的重要组成部分"。党的十六大首次提出"必须毫不动摇地巩固和发展公有制经济""必须毫不动摇地鼓励、支持和引导非公有制经济发展"。党的十七大进一步强调坚持"两个毫不动摇""形成各种所有制经济平等竞争、相互促进新格局"。

习近平总书记始终高度重视民营经济发展，早在河北、福建、浙江等地工作期间，就对民营经济发展做了许多极具前瞻性、开创性的实践探索。在河北正定，他给万元户发过"率先致富奖"。在福建工作时，他先后7次到民营经济非常活跃的晋江调研，2002年专门总结"晋江经验"。在浙江工作期间，他多次到民营企业调研，与优秀民营企业家交朋友。党的十八大以来，以习近平同志为核心的党中央始终坚持"两个毫不动摇"，充分认识新时代我国民营经济的重要地位和作用，科学把握民营经济发展规律和特点，提出一系列新论断新要求。2016年，他在参加全国政协十二届四次会议时，专门阐明党和国家对待民营经济的方针政策。2018年，专门主持召开民营企业座谈会，强调非公有制经济在我国经济社会发展中的地位和作用没有变，我们毫不动摇鼓励、支持、引导非公有制经济发展的方针政策没有变，我们致力于为非公有制经济发展创造良好环境和提供更多机会的方针政策没有变。

（二）民营企业和民营企业家是自己人

习近平总书记强调，民营经济是中国共产党长期执政、团结带领全国人民实现"两个一百年"奋斗目标和中华民族伟大复兴中国梦的重要力量。民营经济只能壮大、不能弱化，不仅不能"离场"，而且要走向更加广阔的舞台。我们始终把民营企业和民营企业家当作自己人，在民营企业遇到困难的时候给予支持，在民营企业遇到困惑的时候给予指导。这些重要论述进一步阐明了我们党对民营经济发展的坚定立场和鲜明态度，为民营经济和民营企业家安心谋发展吃下"定心丸"。

（三）发展壮大民营经济是长久之策、不是权宜之计

习近平总书记多次重申坚持基本经济制度，指出公有制经济和非公有制经济都是社会主义市场经济的重要组成部分，都是我国经济社会发展的重要基础。习近平总书记强调，把公有制经济巩固好、发展好，同鼓励、支持、引导非公有制经济发展不是对立的，而是有机统一的。公有制经济、非公有制经济应该相辅相成、相得益彰，而不是相互排斥、相互抵消。这些重要论述深刻阐明了我们党对公有制经济与非公有制经济关系的基本态度，明确了鼓励、支持、引导民营经济发展是我们党要长期坚持的方针政策。

（四）为民营经济发展营造公平竞争的市场环境

习近平总书记指出，我们要不断为民营经济营造更好发展环境，帮助民营经济解决发展中的困难，支持民营企业改革发展，变压力为动力，

让民营经济创新源泉充分涌流,让民营经济创造活力充分迸发。习近平总书记强调,要优化民营企业发展环境,破除制约民营企业公平参与市场竞争的制度障碍,依法维护民营企业产权和企业家权益,从制度和法律上把对国企民企平等对待的要求落下来,从政策和舆论上鼓励和支持民营经济和民营企业发展壮大。要把构建亲清政商关系落到实处,为民营企业和民营企业家排忧解难,让他们放开手脚,轻装上阵,专心致志搞发展。这些重要论述进一步明确了为民营经济发展营造良好政策、法治和舆论环境的政策导向。

(五)促进非公有制经济健康发展和非公有制经济人士健康成长

习近平总书记指出,民营企业要践行新发展理念,深刻把握民营经济发展存在的不足和面临的挑战,转变发展方式、调整产业结构、转换增长动力,坚守主业、做强实业,自觉走高质量发展路子。习近平总书记强调,非公有制经济要健康发展,前提是非公有制经济人士要健康成长。希望广大民营经济人士加强自我学习、自我教育、自我提升。民营企业和民营企业家要筑牢依法合规经营底线,弘扬优秀企业家精神,做爱国敬业、守法经营、创业创新、回报社会的典范。这些重要论述对民营经济高质量发展提出了殷切期望、指明了前进方向。

二、充分认识民营经济在中国式现代化建设中的重要作用

习近平总书记关于民营经济的重要论述思想深邃、内涵丰富,引领我国民营经济发展取得历史性成就,民营经济成为社会主义现代化建设

的重要力量。党的十八大以来，民营经济在稳定增长、促进创新、增加就业、改善民生、开拓国际市场等方面发挥了重要作用，民营经济"五六七八九"特征进一步巩固提升。一是经济发展的重要力量。民营经济已贡献了60%以上的国内生产总值，福建、浙江等省份接近70%。多年来，民间投资占全部固定资产投资比重超过50%，成为拉动投资增长的重要力量。2023年末，A股上市公司中民营企业占比超过60%。二是就业创业的主要渠道。民营企业数量由2012年1085万多家增加至2023年5300多万家，同期个体工商户由4060万户增加至1.24亿户，两者合计占全部经营主体的90%以上，吸纳了80%以上城镇劳动就业。2012年以来，近90%的城镇新增就业在民营企业。三是技术创新的重要主体。民营企业创新动力强，近年来研发支出持续增长、研发强度不断提高，专利申请量大幅增长，贡献了70%以上的技术创新成果。2023年末，在国家级专精特新"小巨人"企业中，民营企业占比超过80%。四是国家税收的重要来源。多年来，民营企业对全国税收收入的贡献稳定在50%以上，部分省份超过70%。五是参与国际竞争的重要力量。《财富》世界500强上榜企业中，我国民营企业数量由2012年的5家增长到2023年的30家（不含港澳台）。民营企业进出口额占全国进出口总额的比重从2012年的29.7%上升至2023年的53.5%，其中，2015年出口额首次超越外资企业，成为我国第一大出口主体。可以说，我国经济能够创造快速发展奇迹、由高速增长转向高质量发展，民营经济贡献巨大、功不可没。

同时要看到，受国内外发展环境条件变化及一些体制机制和政策因素影响，我国民营经济发展壮大还面临一些困难和问题，需要着力推动解决。一是产权保护有待进一步加强。有恒产者有恒心。只有产权得到有效保护，民营企业才敢放心投资、才能安心经营。目前，我国保护民营企业产权的基础制度有待进一步强化，个别地方和部门依法行政意识不强，违规执法侵犯民营企业合法权益的现象仍有发生。二是公平竞争的制度环境有待健全。长期以来，不公平待遇是民营企业诉求最强、反映最多的问题。一些行业准入存在隐性壁垒，招标投标、政府采购等领域所有制歧视仍然存在，民营企业融资难融资贵问题尚未根本解决。三是政策稳定性透明度有待提升。一些领域政策调整偏急，没有预留充足"过渡期""缓冲期"。一些政策透明度不够，实施细则不明确，与市场沟通不够。四是内部治理有待完善。一些民营企业尚未建立现代企业制度，公司治理结构不尽合理，管理机制不够科学，创新升级的能力、资源积累不足。有的民营企业依法经营意识不强，有的偏离主业盲目扩张，一味追热点、挣快钱，累积了风险。此外，社会上干扰民营经济发展的杂音也不时泛起，影响民营企业稳定发展预期。

三、系统优化促进民营经济发展壮大的环境

党的十八大以来，党中央先后出台《关于营造更好发展环境支持民营企业改革发展的意见》和《关于促进民营经济发展壮大的意见》（简称"民营经济31条"），对促进民营经济发展壮大作出部署，把"两个毫不动摇"和"三个没有变"的重要要求实化具体化。各地区各部门深入贯彻落实习近平总书记重要讲话和党中央重大决策部署，出台实施一系列务实举措，打造市场化、法治化、国际化营商环境，保障民营企业依法平等使用生产要素、公平参与市场竞争、同等受到法律保护，探索形成

了一系列好做法好经验。下一步,要以习近平新时代中国特色社会主义思想为指导,深入贯彻落实党的二十大精神,狠抓"民营经济31条"落地落实,持续为民营经济营造稳定、公平、透明、可预期的发展环境,促进民营经济发展壮大,为中国式现代化作出更大贡献。

(一)优化民营经济发展的法治环境

法治是稳预期、增信心的治本之策,稳定的法治环境是民营企业家敢闯敢干的底气所在。要加快制定民营经济促进法,进一步将党中央关于促进民营经济发展壮大的大政方针固化下来。要依法保护民营企业产权和企业家权益,防止和纠正利用行政或刑事手段干预经济纠纷。要进一步规范涉产权强制性措施,最大限度减少对民营企业正常办公和合法生产经营的影响。要完善监管执法体系,依法公开监管标准和准则,合理减少监管检查频次和事项,运用数字化手段对企业实施"无感监管"。

(二)优化民营经济发展的制度环境

民营企业需要的不是特殊待遇,而是公平竞争的机会和舞台。要树立"国企民企参与市场竞争一视同仁"理念,真正把要素公平获取、投资权益平等保护等要求落实好。要强化竞争政策基础性地位,健全公平竞争制度框架和政策实施机制,强化反垄断执法,制止滥用行政权力排除、限制竞争。要持续破除市场准入壁垒,不得额外对民营企业设置准入条件。开展工程建设招投标突出问题专项治理,着力解决地方保护和市场分割抬升企业经营成本问题。要健全民营企业参与重大项目建设体制机制,在电力、电信、铁路、石油、天然气等重点行业和领域进一步放开竞争性业务，鼓励民营企业参与。要持续破解民营企业融资难问题，优化对银行向民营企业发放贷款的监管考核规定，健全授信尽职免责机制。支持符合条件的民营企业上市融资、再融资和债券市场融资。

（三）优化民营经济发展的政策环境

紧紧围绕解决企业烦心事、操心事，为民营企业提供全生命周期服务保障。要把构建亲清政商关系落到实处，各级领导干部要坦荡真诚同民营企业家交往，主动作为、靠前服务，做到亲而有度、清而有为。民营企业家要积极主动与政府沟通交流，说实情、建诤言。要强化政策沟通，完善涉企政策参与、阐释、精准推送机制。制定涉企政策时，应当充分听取民营企业家意见，做到问计于企、问需于企。用企业家听得懂的话做好政策阐释，讲清政策要点。要健全涉企优惠政策直达快享机制，从"企业找政策"转向"政策找企业"。优化民营企业信用修复和服务机制。

（四）优化民营经济发展的创新环境

经过多年积累，不少民营企业已经处在进入创新发展快车道的关键时点，要实施全方位精准支持，推动民营企业走上创新发展之路。要着力提升企业科技创新能力，在重点行业建立公共研发平台，为量大面广的中小企业创新提供技术源头供给。支持民营企业与科研机构、高校合作建立技术研发中心、产业研究院、中试熟化基地等创新平台。要完善创新支持政策，加大对民营企业参与高端装备、智慧物流、绿色低碳等领域应用场景开发建设的开放力度。加大政府采购创新产品力度，支持民营企业创新产品迭代应用。要强化人才支撑，畅通人才向民营企业流动渠道，在人才引进支持政策方面对民营企业一视同仁。大力推进校企合作、产教融合，鼓励按照企业需求订单式培养与产业发展要求相适应的技能人才。要支持民营企业拓展海外业务和市场，鼓励民营企业积极参与共建"一带一路"，有序参与境外项目，帮助企业建立跨国经营风险预警应对机制。

（五）优化民营经济发展的舆论环境

要引导全社会客观全面认识民营经济和民营经济人士，主动讲好民营企业和民营企业家故事，廓清模糊认识，坚决抵制、及时批驳澄清否定和弱化民营经济的错误言论。要营造鼓励创新、宽容失败的舆论和社会氛围，对民营经济人士合法经营中出现的失误失败给予理解、宽容、帮助。依法打击蓄意炒作、造谣抹黑民营企业家的"网络黑嘴"和"黑色产业链"。对民营企业和企业家进行诋毁、贬损和丑化等侵犯名誉权行为的，要承担相应民事责任；致使企业生产、经营、销售等遭受实际损失的，要承担赔偿责任；构成犯罪的，要依法追究刑事责任。

（六）优化民营经济发展的内部治理环境

解决好民营企业自身存在的问题是促进民营经济长期持续健康发展的重要保障。要鼓励有条件的民营企业加快建立现代企业制度，完善法人治理结构、优化股权结构、规范股东行为，健全重大决策规则和程序，强化风险管控机制，防范各类经营风险。民营企业和民营企业家应当守法合规经营，认真履行好环境保护、安全生产、职工权益保障等责任。

要大力弘扬爱国敬业、遵纪守法、艰苦奋斗、创新发展、专注品质、追求卓越、履行责任、服务社会的优秀企业家精神，引导民营企业做好代际传承，有序实现新老交接。

《习近平经济思想研究》2024年第一期增刊"促进民营经济发展壮大"专刊

构建亲清政商关系助推经济高质量发展

中国纪检监察杂志社课题组

经济健康发展离不开清朗政治生态的保障。政商关系作为政治生态的"晴雨表",关乎经济政策落地和经济发展水平。党的十八大以来,习近平总书记站在全局和战略高度,提出要构建亲清新型政商关系,为正确处理政府与企业、领导干部与企业家的关系提供了重要遵循,也为新时代经济高质量发展创造了有利条件。纪检监察机关作为推进全面从严治党的重要力量,在促进机关党的建设特别是通过加强作风、纪律建设构建亲清政商关系,确保党中央决策部署贯彻落实上肩负重责。本文梳理我国政商关系的发展脉络,阐释习近平总书记关于构建亲清新型政商关系重要论述的历史开创意义,并立足纪检监察机关职责定位,探求以构建亲清政商关系推动党中央经济工作决策部署落实和经济高质量发展的方法路径。

政商关系的发展脉络及与经济发展的关系

政商关系,是人类政治和经济活动中的重要关系,具有悠久的历史性和广泛的地域性。探讨政商关系的本质及与经济发展的关系,有必要从我国历史出发梳理其发展脉络。

（一）我国政商关系的发展阶段及主要特点

政商关系比较和谐阶段。 先秦时期，商部落就以善贸易出名。商朝灭亡以后，商朝部族为维持生计不得不在各地区之间交易物品，由于商族人把贸易做得风生水起，有"商邑翼翼，四方之极"一说，久而久之，他们及所从事的职业便被称为"商人"和"商业"。周代及春秋战国时期（商鞅变法以前），诸侯国统治者有富国强兵的需要，比较重视商业，有的商人还直接参与政治活动。随着商人队伍的壮大发展，也产生了"野与市争民"的现象，影响农业生产，夺取了一部分官府的经济利益，这为后期政商关系的调整变化埋下了伏笔。

重农抑商时期。 战国时期出现了以法家为代表的轻商、抑商政策。商鞅变法开始，推行以农为"本"、农战结合的政策，提出了重农限商禁技巧的主张。秦朝则把重农抑商作为基本国策。到了汉代，重农抑商政策继续，商人的待遇地位降低。如汉朝规定商人不得着丝绸、不准乘车马，市井子孙不得仕宦为吏，等等。汉武帝时期重农抑商政策基本成型。此后历代封建王朝，虽然中间也出现过较为重用商人的现象，但总的来讲，商人地位相对较低。政府掌握着绝对的权力和资源，位于"士农工商"之末社会底层的商人群体，常常缺乏安全感，往往通过寻求政治权力的庇护以维持生存和发展，逐渐形成了"以权逐利""以利逐权"的政商关系。

官商勾结现象出现。 晚清时期，随着洋务运动的发展，在政府鼓励和培育下，一批近代新型产业应运而生，也产生了一批从事新式商业活动的商人，以官办、官商合办、官督民办等形式从事工商业，推动了政商一体化，但也出现了官商勾结。辛亥革命后，在振兴实业的风潮下，民族资本主义经济发展，商人地位空前提高。与此同时，官僚资本主义让政商一体化程度进一步强化，蒋宋孔陈四大家族通过权力与金钱的结合，形成了以政养商、以商辅政的局面。

特殊的政商不分阶段。新中国成立后，随着国家对私营工商业进行社会主义改造，私营经济被消除，只有国有企业和集体企业，传统意义上的"商人"不复存在，这个时期的政商关系实际是政企关系，政府在资源配置方面起绝对的主导作用。国有企业和集体企业等的负责人虽可以在经济活动中被视作"商"，但在政治上与作为领导干部的"官"并无太大差别，政商不分是这一阶段政商关系的主要特点。

政商关系步入重塑期。改革开放以来，私营经济重新出现并不断发展，成为社会主义市场经济的重要参与者和组成部分，社会主义市场经济也培育出了一代代民营企业家，现代意义上的政商关系在中国社会应运而生。随着非公有制经济不断发展，政商关系逐步理顺，并在推动经济社会发展中起到了积极作用。

（二）政商关系的本质分析

从我国两千多年政商关系的发展脉络可以看出，政商关系归根到底是公权力与市场主体之间在资源配置、服务供给、政策保障、利益维护等方面的互动，其中公权力具象化就是官员，市场主体具象化就是商人。政商关系如何，或者说"政"和"商"如何相处，既受国家社会政治环境的影响，是一个时期国家社会政治发展的产物，同时又深刻影响着国家的经济发展和社会风气。一般来说，权力对资源的占有和支配越少，政对商的影响越小，商对政的依附越少，经济的健康发展就较快；权力对资源的占有和支配越多，商对政的依附越大，就越影响经济的健康发展。经济发展畸形，就容易形成官商勾结，商人想方设法腐蚀官员，以换取权力控制下的资源，进而获取更多的利益，由此必然带来官员腐败，社会风气败坏。

习近平总书记关于亲清政商关系重要论述的历史开创性

（一）亲清政商关系重要论述的提出

党的十八大以来，习近平总书记在全国两会、中央经济工作会议、民营企业座谈会、企业家座谈会等重要场合多次论及政商关系，并对如何构建亲清新型政商关系指方向、明路径、提要求。2016年全国两会期间，习近平总书记第一次用亲、清两字精辟概括并系统阐述新时代的政商关系，为新型政商关系的构建指明了方向。2017年，"构建亲清新型政商关系，促进非公有制经济健康发展和非公有制经济人士健康成长"被写入党的十九大报告，进一步明确了我国非公有制经济的重要地位。2020年7月21日，习近平总书记主持召开企业家座谈会，要求各级领导干部光明磊落同企业交往，坚决防止权钱交易、商业贿赂等问题损害政商关系和营商环境。这一重要讲话再次阐释了以亲清为内核的新型政商关系，为更好引导和推动政商关系亲清与共、和谐有序提供了重要遵循。2020年10月14日，习近平总书记在深圳经济特区建立40周年庆祝大会上强调，"要优化政府管理和服务，全面推行权力清单、责任清单、负面清单制度，加快构建亲清政商关系"，进一步明确了政府职能和权力边界，为双方良性互动列出具体清单。2022年10月16日，习近平总书记在党的二十大报告中提出，"全面构建亲清政商关系，促进非公有制经济健康发展和非公有制经济人士健康成长"，"全面"两字体现出构建亲清政商关系的目标和决心。2023年全国两会期间，习近平总书记再次强调，"要把构建亲清政商关系落到实处，为民营企业和民营企业家排忧解难，让他们放开手脚，轻装上阵，专心致志搞发展"，为实现民营经济健康发展、高质量发展注入强大信心和动力。2023年4月3日，学习贯彻习近平新时代中国特色社会主义思想主题教育工作会议在京召开，习近平总书记在会上再次指出，要"推动形成清清爽爽的同志关系、规规矩矩的上下级关系、亲清统一的新型政商关系"，为新时代以新型政商关系助力经济社会发展举旗定向。这一系列重要论述，对亲清政商关系越讲越透彻、越讲越深刻，进一步丰富和具象了亲清政商关系的内容：对领导干部而言，亲是指要"积极作为、靠前服务"，最终落脚到"解决实际困难"；清是指同企业家的关系要"清白、纯洁"，进而"不能有贪心私心，不能以权谋私，不能搞权钱交易"。对企业家而言，亲是指"讲真话，说实情，建诤言"；清最关键的就是"遵纪守法"。

（二）亲清政商关系重要论述的时代价值

习近平总书记关于亲清政商关系的重要论述，科学总结了新型政商关系的本质要求和核心要义，为新时代政商交往确立了界限、树立了标尺，契合了时代的要求，抓住了政商关系的关键，为以亲清政商关系优化政府服务、净化政治生态、培育现代化经济体系、营造良好的社会风气，推动新时代经济高质量发展，提供了重要理论依据。

厘清政商交往边界。传统的政商关系以政府为主导，政府在行使职能时出现的越位、错位、缺位等问题所导致的行政权力边界不清、行政权力错配、行政权力约束较弱等问题也制约着经济的高质量发展。亲清政商关系重要论述针对政商关系的异化问题，将政府作为与政商边界有机结合，明晰政商各自的活动域、划定交往度，引导权力与资本从无序扩张转变为协调配合，既保证商的自主性和创造性，也发挥政的宏观理性和公益性，既要让政府有所作为，又要防止利益输送，有效消解了政商关系的异化，使政商关系回归良性发展轨道。

为净化政治生态确立标尺。政商关系与党风、政风、社风息息相关，也影响着政治生态。党的十八大以来，我们党持续深化全面从严治党、党风廉政建设和反腐败斗争，政商关系中的陈规陋习得到清理，但谈商色变的清而不为、过从甚密的官商不分等问题还不同程度存在，这样扭曲的政商关系，也在一定程度上恶化了政治生态。亲清政商关系理论生动概括了领导干部和企业家两个行为主体各自应遵循的原则和规范，为领导干部与企业家如何打交道立下了规矩，让权力在制度规范内运行，增加了党员干部履职尽责的压力和敢想敢干的动力，对于打造政治生态的"绿水青山"具有重要意义。

营造公平有序市场经济环境。一个良性循环的政商关系，对于推动企业健康发展、不断完善社会主义市场经济体制至关重要。传统的政商关系由于边界模糊、缺少规范，极易因政商关系太近而导致政企不分，因政商关系太远而导致政府缺位和市场失灵。新时代社会主要矛盾的转变和高质量发展的要求，客观上呼唤新时代政商关系的推出。亲清政商关系理论用系统性思维和协同性思维，统筹谋划、优化执政环境和市场环境，清晰厘定政府、市场、企业三方的关系，深化政府职能转变，激发市场活力，理顺市场秩序，使"看不见的手"的决定性作用与"看得见的手"的战略性作用匹配得当，推进建设统一开放、竞争有序的现代化市场体系，跟上新时代中国经济增长方式转变的节奏，体现了辩证唯物主义和历史唯物主义的统一，为马克思主义政治经济学如何构建现代商业文明作出了开创性的理论贡献。

当前政商关系中存在的主要问题、不良影响及原因分析

当前,世界百年未有之大变局加速演进,我国发展进入战略机遇和风险挑战并存、不确定难预料因素增多的时期。以习近平同志为核心的党中央坚持稳中求进工作总基调,更好统筹国内国际两个大局,更好统筹疫情防控和经济社会发展,更好统筹发展和安全,果断推出一揽子政策部署,着力推动经济稳步回升、促进高质量发展。确保党中央决策部署落地,无疑是推动我国经济高质量发展的重要保证。但实践中,少数地方、部门与企业等市场主体之间仍存在的不亲、不清或亲而不清、清而不亲等不健康的政商关系,成为落实政策部署的"中梗阻""绊脚石"。

(一)问题表现

宣传解读不充分,决策部署被空挂。主要指少数政府部门或公职人员对相关惠企利企政策及配套措施不主动宣传、不充分解读,有的简单在网上"一挂了之",或在微信"一贴了之",使决策部署不被企业知晓或完全知晓,与企业实际需求脱钩。

执行落实不精细,政策效果打折扣。主要指少数政府部门或公职人员落实决策部署不讲实际、不求精准,习惯搞"大水漫灌"。少数职能部门工作简单、方式机械,在落实政策时缺乏主动靠前、细致入微的服务,未按照企业性质、经营规模、现实需求等具体分析,使政策效果打了折扣。

故意刁难不清白,优惠政策被异化。主要指少数公职人员滥用手中

权力，把上级给予的优惠政策当作与企业做交易的"筹码"，刁难企业、谋取私利，轻则吃拿卡要，重则索贿受贿，甚至违规干预项目建设、生产经营等。

懒政怠政不作为，政策红利难释放。主要指少数干部不担当不作为，虽不吃不拿、不贪不占，但就是不办事，即使办事也习惯"打太极""踢皮球"，拖拖沓沓、效率低下，使得政策部署无法及时落实到企业。

（二）原因分析

上述问题的存在，不但挫伤了包括民营企业在内的市场主体的生产积极性，也影响了一方政治生态和营商环境的持续改善。根据调研分析，问题原因主要集中在以下几个方面。

少数党员干部或公职人员自身作风、纪律、能力等不过硬。一是作风懒散缺乏担当。有的思想觉悟不高、服务意识不强，奉行"多一事不如少一事""不求有功、但求无过"的错误观念，导致在落实政策部署过程中作风漂浮、工作不实，存在形式主义、官僚主义，缺乏积极性和责任心。二是利欲熏心以权谋私。有的理想信念不坚、党性修养欠缺、纪法意识淡薄，利欲熏心、公私不分，以"潜规则"代替"明规矩"，拿手中掌握的政策部署向企业讨要好处，把政商交往搞成权钱交易。三是素质能力存在短板。有的无法完全适应当前经济社会高质量发展的新形势，专业素养不高、政策水平不够、落实方法不多，对相关政策部署理解有偏差、执行有落差、服务有温差，影响了实际效果。

少数地方党委、政府及组成部门责任落实不到位。一是监督管理不严不实。有的"重业务轻党建"的惯性思维犹存，履行全面从严治党主体责任不到位，特别是对所属党员干部和公职人员失管失教，对其行使权力缺乏有效监督，导致出现与企业不亲、不清的问题。二是考核评价不够有力。有的在落实政策部署情况、政策部署落实效果等方面，要么缺乏系统科学的考核评价体系，要么考评过于原则、难以执行，无法做到奖惩有度、赏罚分明，起不到压实工作责任、激发干事热情的效果。三是配套政策不切实际。有的配套政策与实际结合不够，或在制定政策前期没有充分听取企业意见，或对政策实际影响考虑不周，致使一些决策部署出现"水土不服"情况。

少数纪检监察机关履职不到位。一是自身职责定位不准。有的认为构建亲清政商关系与党委、政府推动机构改革和职能转变以及发展民营经济等有关，与自身关系不大，于是不抓不管，导致职责"缺位"；有的在落实政策部署上喜欢大包大揽，干了很多不该干的事情，出现职责"越位"。二是"重办案轻监督"惯性思维犹存。少数纪检监察干部政绩观不纯，工作中喜欢围着问题线索和"大案"转，对党组织全面从严治党主体责任履行情况监督不到位，对党员干部身上吃拿卡要、懒政懈怠等问题不管不问。三是协助职责履行不力。有的没有为同级党委提供有力的决策参考或信息支持，协助制定的有关政商交往的规范性文件过于原则、不便实施，致使政商交往规矩不明晰、界限未厘清；有的推动同级党委、政府开展损害营商环境、破坏市场秩序等问题的专项治理不及时、不到位。

立足纪检监察机关职责定位推动构建亲清政商关系

党章、监察法等法规规定了纪检监察机关的职责任务，决定了纪检监察机关作为政治机关，必须把"两个维护"作为最高政治原则和根本政治责任,为推动党中央决策部署贯彻落实提供坚强保障。针对政商关系中阻碍党中央经济工作决策部署落实的种种问题,纪检监察机关要进一步明确职责定位,既把自己摆进去,补齐监督短板,又压实党委(党组)主体责任,督促党员干部在政商交往中做到亲而有度、清而有为,以亲清政商关系促进经济持续健康发展。

(一)推进政治监督具体化精准化常态化,压紧压实党委(党组)政治责任

纪检监察机关是政治机关,第一职责是监督,首要任务是加强政治监督,围绕党中央经济工作决策部署落实情况跟进监督、精准监督、全程监督,推动各级各部门提高政治站位,切实担起促进发展的政治责任。

聚焦政令畅通,推动政策落地。"不亲""不清"是表象,其实质是政治意识不强,落实政策存在偏差、落差、温差。围绕党中央经济工作决策部署强化政治监督,就要引导党员干部从经济工作的一般性事务中把握政治本质,切实转变政府职能,优化政策服务水平。比如,把深化"放管服"改革、减税降费等政策措施落实情况列入政治监督重点清单,及时发现、坚决纠正见事迟、行动慢、打折扣、搞变通等问题,确保执行不偏向不走样。

紧盯"关键少数",压实政治责任。服务企业就是服务经济发展,是落实党中央经济工作决策部署的政治责任。立足"监督的再监督",就要突出"关键少数"特别是"一把手",督促党委(党组)扛起主体责任。比如,通过政治生态研判、信访举报分析等为党委(党组)科学决策提供参考,督促进一步健全经济领域利益冲突防范制度,完善优化政商交

往行为正负面清单，为企业发展创造公平健康的营商环境。

创新监督方式，释放治理效能。政治监督是具体的，只有实化细化载体抓手，探索完善日常监督、集中监督、专项检查有机融合、相互促进的工作机制，做在经常、抓早抓小，才能及时发现纠正问题、提升监督治理效能。比如，运用"室组"或"室组地"联动模式，紧盯项目审批、中介机构、政务服务等环节领域开展专项治理，推动提高职能部门的工作质效。

（二）持续深化纠治"四风"，打通影响亲清政商关系的"中梗阻"

"四风"问题是影响亲清政商关系的"中梗阻"，也是党中央经济工作决策部署落实的"绊脚石"。作为协助党委加强党风建设的专责机关，纪检监察机关要聚焦"四风"问题从严监督执纪问责，督促党员干部做到"亲不逾矩、清不远疏，公正无私、有为有畏"。

解决为官不为等"清而不亲"问题。针对在政务服务、行政审批、监管执法中推诿扯皮、敷衍塞责、冷硬横推等不作为慢作为，"微笑不办事，热情不服务"懒政怠政等问题，加大查处力度，推动党员干部主动关心、及时回应企业合理诉求，靠前服务帮助解决实际困难。比如，督促职能部门设立"办不成事"窗口，为企业在办事过程中遇到不作为、慢作为等问题时，提供反映问题、解决问题的便捷途径，让"难办的事"办得了、"办不成的事"办得成，提升企业获得感和满意度。

纠治吃拿卡要等"亲而不清"问题。针对以商务应酬、礼尚往来为借口，模糊正常交往边界，"不吃公款吃老板"、"酒局圈"、吃拿卡要、收送"雅礼"等作风顽疾，坚持露头就打、寸步不让，通过风腐一体纠治，督促党员干部守住交往关，持续加固中央八项规定堤坝。比如，建立优化营商环境"码上监督马上办"机制,将投诉链接制成"二维码"在公共媒体及各窗口单位公布,方便企业和群众投诉举报,向以招商引资为名行搞"四风"之实等顶风违纪问题亮剑。

(三)一体推进"三不腐",以良好政治生态涵养健康经济生态

腐败是损害亲清政商关系、阻碍党中央经济工作决策部署落实的"毒瘤",反腐败斗争有利于理顺市场秩序、还市场以本来的面目。这就要求纪检监察机关把政商关系置于政治生态建设大局,坚持不敢腐、不能腐、不想腐一体推进,以良好政治生态涵养健康经济生态。

坚持严的基调,斩断官商勾结利益链。保持反对和惩治腐败的强大力量常在,坚决查处基础设施建设、公共资源交易、投融资平台、招投标等领域的腐败问题,着力以反腐败打破、铲除建立在寻租、"围猎"基础上的畸形政商关系。

以案促改促治,铲除腐败滋生土壤。通过纪检监察建议等督促建章立制、堵塞漏洞,推动建立优化营商环境长效机制,把权力关进制度的笼子。比如,督促健全廉政风险防控制度,建立健全规范领导干部廉洁从政从业行为、重大事项动态报告、接到请托事项登记报告等制度规定,把廉政风险防控贯穿经济发展工作始终。

培育廉洁文化,夯实思想根基。注重运用正反两方面典型,推动倡树清廉政商文化,教育党员干部筑牢拒腐防变思想防线,因觉悟而不想破界。比如,分级分类开展警示教育,深入剖析"亲而不清""清而不为"等违纪违法典型案例,加强通报曝光,教育党员干部以案为鉴、敬畏纪法。

构建亲清政商关系,推动党中央经济工作决策部署落实到位,需要

党员干部敢担当、善作为，能干事、干成事。要把加强监督和正向激励结合起来，坚持严管厚爱结合、激励约束并重，深化运用"四种形态"，严格落实"三个区分开来"，激发党员干部干事创业热情，推动更好履职尽责、担当作为。

《中国纪检监察》2023年第8期

进一步强化促进民营经济发展壮大的法治保障

肖 京

导语：市场经济必然是法治经济，促进民营经济发展壮大必须进一步强化法治保障。具体而言，一是科学立法，尽快完善促进民营经济发展壮大的法律体系；二是严格执法，不断提升促进民营经济发展壮大的执法水平；三是公正司法，持续加强促进民营经济发展壮大的司法保障；四是全民守法，全面夯实促进民营经济发展壮大的法治根基。

2022年10月，党的二十大报告明确提出，"促进民营经济发展壮大"，高度重视民营经济的发展壮大问题。2023年7月，中共中央、国务院发布《关于促进民营经济发展壮大的意见》（以下简称《意见》），在充分肯定民营经济重要地位和作用的基础上，明确提出要"强化民营经济发展法治保障"，并通过31条具体措施促进民营经济发展壮大。2023年8月，国家发展改革委等8个部门联合发布《关于实施促进民营经济发展近期若干举措的通知》（以下简称《通知》），从6个方面提出了更加具体的措施，对《意见》中的相关规定进行细化落实。随后，国家发展改革委宣布设立专门机构民营经济发展局，聚焦促进民营经济发展壮大。2023

肖京，中国社会科学院法学研究所副研究员。

年10月，最高人民法院发布的《关于优化法治环境 促进民营经济发展壮大的指导意见》（以下简称《指导意见》）中明确指出，"坚持全面贯彻依法平等保护原则""在司法层面真正落实对民营经济平等对待的要求"，强调要从司法层面加强对民营经济发展壮大的法治保障。2024年2月，司法部、国家发展改革委、全国人大常委会法工委共同召开民营经济促进法立法座谈会，正式启动民营经济促进法立法起草工作，标志着民营经济立法进入新阶段。市场经济必然是法治经济，民营经济的发展壮大离不开法治保障作用的充分发挥，促进民营经济发展壮大必须进一步强化法治保障。为此，需要从以下四个方面入手：一是要坚持科学立法，尽快完善促进民营经济发展壮大的法律体系；二是要坚持严格执法，不断提升促进民营经济发展壮大的执法水平；三是要坚持公正司法，持续加强促进民营经济发展壮大的司法保障；四是要坚持全民守法，全面夯实促进民营经济发展壮大的法治根基。

市场经济必然是法治经济，促进民营经济发展壮大必须进一步强化法治保障

法治与市场经济具有天然的密切联系，发展社会主义市场经济就必须进一步加强法治建设。改革开放四十多年来的实践经验已经充分证明，法治在界定产权、保护产权、维护市场交易秩序、促进公平竞争等方面发挥着不可替代的重要作用。只有在法治的促进与保障作用下，市场配置资源的基础性作用才能得以充分发挥。一旦离开法治保障，就必然会出现产权不清晰、交易不安全、市场主体权益受侵害等多方面的问题，必然会导致市场机制无法正常运行，进而影响经济健康发展目标的实现。

三、扎扎实实落实促进民营经济发展的政策措施

随着我国社会主义市场经济体制的不断完善与全面依法治国的深入推进,法治已经与我国社会主义市场经济高度融合,成为我国社会主义市场经济体制不可或缺的重要基石和基础制度。"市场经济必然是法治经济"这一命题已经被社会各界广泛认可。

民营经济的发展壮大离不开法治保障作用的充分发挥,促进民营经济发展壮大必须进一步强化法治保障。党的十五大报告明确提出,"非公有制经济是我国社会主义市场经济的重要组成部分",正式确立了民营经济在社会主义市场经济中的重要地位,有力促进了民营经济的发展壮大。从历史经验来看,我国民营经济的发展始终与法治建设紧密相连。改革开放以来的法治建设,不仅有力推动了我国社会主义市场经济体制的不断完善,也为民营经济的快速发展提供了重要的法治保障。党的十八大以来,党中央更加重视民营经济的发展壮大及其法治保障问题。党的二十大报告特别强调"促进民营经济发展壮大",并对民营经济发展壮大等问题进行了具体部署。2023年7月,中共中央、国务院发布的《意见》明确指出,"民营经济是推进中国式现代化的生力军",对民营经济在中国式现代化建设中的重要地位与重要作用进行了充分肯定。相对于公有制经济,作为非公有制经济的民营经济对法治保障的需求更加迫切。促进民营经济发展壮大必须进一步强化法治保障,离开法治的有力保障,民营经济主体的合法权益就无法得到有效保护,民营经济的发展壮大更是无从谈起。在实践中,部分地区侵害民营企业与企业家合法权益的问题仍然较为突出,亟需通过加强法治予以应对。因此,必须高度重视并充分发挥法治的重要保障作用,以更加完善的法治为民营经济的发展壮大提供有力的制度保障。

法治是最好的营商环境,促进民营经济发展壮大、推动民营经济高

质量发展必须进一步强化法治保障。党的二十大报告强调"高质量发展是全面建设社会主义现代化国家的首要任务",并提出要"构建高水平社会主义市场经济体制",对经济高质量发展提出了全方位的新要求。无论是实现经济高质量发展的目标,还是构建高水平社会主义市场经济体制,都需要进一步促进民营经济发展壮大、推动民营经济高质量发展。法治是最好的营商环境,是促进民营经济发展壮大的基础性制度,促进民营经济发展壮大必须进一步强化法治保障。党的十八大以来,我国法治建设取得了显著成效,对包括民营经济在内的社会主义市场经济发展起到了重要的促进和保障作用。但同时也要看到,与当前和今后一段时期中央对促进民营经济发展壮大的总体要求相比,民营经济法治建设仍存在较大的完善空间。在实践中,促进民营经济发展壮大的法律体系不健全、行政执法水平不高、司法保护不充分、守法意识不足的问题仍然较为突出。党的二十大报告明确指出,"必须更好发挥法治固根本、稳预期、利长远的保障作用",突出强调要充分发挥法治的重要保障作用。在当前阶段,进一步强化促进民营经济发展壮大的法治保障,就必须始终坚持"市场经济是法治经济""法治是最好的营商环境"的基本理念,更加充分地运用法治思维和法律手段解决民营经济发展壮大中的深层次问题。为此,需要从立法、执法、司法、守法等具体环节入手,坚持科学立法、严格执法、公正司法和全面守法,从法治建设的各个环节不断强化促进民营经济发展壮大的法治保障。

坚持科学立法,尽快完善促进民营经济发展壮大的法律体系

坚持科学立法是强化促进民营经济发展壮大法治保障的首要环节。

三、扎扎实实落实促进民营经济发展的政策措施

完善的法律体系是实现民营经济发展壮大的重要前提和基础，也是落实严格执法、公正司法、全民守法的先决条件。强化促进民营经济发展壮大法治保障，必须首先从立法环节入手，坚持科学立法，尽快完善促进民营经济发展壮大的法律体系。改革开放以来，尤其是党的十八大以来，中央高度重视民营经济相关立法工作，在立法环节不断强化对民营经济的法治保障，对我国民营经济的发展壮大起到了重要的促进和保障作用。2023年12月，十四届全国人大常委会第七次会议审议通过了《中华人民共和国刑法修正案（十二）》，从刑法层面强化对民营企业内部人员腐败犯罪的惩治，加强对民营企业健康发展的促进与保障。但同样需要注意的是，目前关于促进民营经济发展壮大的相关法律规定主要散见于《宪法》《民法典》《刑法》《公司法》《合伙企业法》《个人独资企业法》《企业破产法》《反垄断法》《反不正当竞争法》《行政许可法》《行政处罚法》《刑事诉讼法》《民事诉讼法》《行政诉讼法》《优化营商环境条例》等多部不同的法律法规之中，缺乏整体性、系统性和协调性，已经难以适应当前进一步促进民营经济发展壮大的客观需要。为此，需要尽快完善促进民营经济发展壮大的法律体系。党的二十大报告明确提出，要"完善以宪法为核心的中国特色社会主义法律体系"，不仅对新时代中国特色社会主义法律体系建设提出了更高的新要求，也为民营经济相关立法指明了方向。

完善促进民营经济发展壮大的法律体系，需要从以下三个方面入手。一是要尽快制定一部具有综合性的《民营经济促进法》，统领促进民营经济发展壮大的法律制度体系。如前文所述，目前关于促进民营经济发展壮大的相关法律规定散见于不同部门的法律法规之中，缺乏应有的整体性、系统性和协调性，已经不能适应当前促进民营经济发展壮大的现实

需要。为了更好地促进民营经济发展壮大,很有必要制定一部具有综合性的《民营经济促进法》。新制定的《民营经济促进法》在立法定位上,应当是一部维护民营企业和企业家合法权益不受侵害、促进民营经济高质量发展的综合性法律。在具体制度设计方面,《民营经济促进法》必须科学设置、突出重点、切实有效,突出对民营经济主体的产权保护,确保民营经济主体在市场准入、投融资、公平竞争等重点领域受到法律平等保护和对待,避免对民营经济主体的不当禁止和限制,切实有效维护民营企业和民营企业家的合法权益。2024年2月,司法部、国家发展改革委、全国人大常委会法工委共同召开民营经济促进法立法座谈会,正式启动民营经济促进法立法起草工作,标志着民营经济立法进入新阶段。目前,社会各界对《民营经济促进法》的期望值都非常高。为此,必须在集思广益、广泛听取社会各界意见的基础上,最大限度凝聚各方共识,加快推进《民营经济促进法》立法进程,争取及早出台《民营经济促进法》,为促进民营经济发展壮大提供有力的法治保障。二是要及时修改完善现有的促进民营经济发展壮大的相关法律法规,从立法上进一步强化法治对民营经济的全面促进与保障。由于民营经济所涉及的领域相当广泛,仅仅通过一部《民营经济促进法》,不可能实现全面促进和保障民营经济发展壮大的效果。为此,需要根据促进民营经济发展壮大的现实需求,及时修改完善宪法、行政法、刑法、民商法、经济法、社会法等领域的法律法规,对民营经济发展壮大进行全方位、多层次、高质量的法律促进与保障。三是要因地制宜,积极探索促进民营经济发展壮大地方立法新路径。促进民营经济发展壮大,既要高度重视对以往历史经验的及时总结与充分借鉴,更要积极探索新时代促进民营经济发展壮大的新路径。由于民营经济的发展壮大与当地的具体实际情况具有直接关系,积极探索适合当地民营经济发展壮大的地方立法新路径就显得尤为重要和迫切。当前，全国已有多个城市出台了民营经济促进地方立法，对当地民营经济的发展壮大起到了重要的保障作用。

坚持严格执法，不断提升促进民营经济发展壮大的执法水平

坚持严格执法是强化促进民营经济发展壮大法治保障的关键环节。强化促进民营经济发展壮大的法治保障，不仅需要完善的法律制度体系，还需要在执法环节多下功夫，坚持严格执法、科学执法、平等执法、高效执法、人性化执法，不断提升促进民营经济发展壮大的执法水平。党的十八大以来，中央高度重视营商环境建设与法治政府建设，多措并举不断优化营商环境，取得了显著成效。2022年，国务院办公厅印发《关于进一步优化营商环境降低市场主体制度性交易成本的意见》（国办发〔2022〕30号），明确提出要"降低制度性交易成本"，不断优化营商环境，为民营经济的发展提供了重要保障。2023年，国家发展改革委等部门发布的《通知》中明确提出要"优化涉企服务""提升惠企政策和服务效能"。党的二十大报告明确提出，"扎实推进依法行政""提高行政效率和公信力"，对行政执法提出了更高标准的新要求。随着我国法治政府建设的不断推进，行政执法水平有了显著提高，为促进民营经济发展壮大提供了重要的法治保障。但同时也要看到，在涉及民营经济的行政执法环节，仍然存在一些突出问题。在部分地区，行政执法不作为、乱作为，以及执法不严格、不规范、不文明、不透明等问题仍时有发生，随意执法、胡乱执法、以罚代管、程序意识淡薄等问题仍然较为突出，乱收费、乱罚款等侵害民营经济主体合法权益的现象依然存在。为此，需要进一步严格执法，提升促进民营经济发展壮大的执法水平。

提升促进民营经济发展壮大的执法水平，需要重点做好以下四个方面的工作：一是要进一步增强行政执法机关及其工作人员的大局意识、服务意识和创新意识。在实践中，部分地区仍然存在认识不到位、大局意识不够、服务意识不强、创新意识不足等方面的突出问题，严重影响到了民营经济的发展壮大。为此，必须进一步强化行政执法机关及其工作人员的大局意识、服务意识和创新意识，以更好地服务民营经济发展壮大。二是要进一步提高行政执法人员服务民营经济的素质和能力。在当前百年未有之大变局加速演进的特殊时期，民营经济的发展在客观上对行政执法提出了更高的新要求。尤其是面对数字化、信息化带来的新挑战，必须进一步提高行政执法人员服务民营经济发展壮大的素质和能力。三是要进一步规范行政执法程序，提高行政效率和政府公信力，坚决避免不作为、乱作为和胡乱执法、选择执法等不利于民营经济发展的行为。四是要进一步强化行政执法监督机制，严格落实行政执法责任制与责任追究制度，切实有效保护民营企业与企业家的合法权益。

坚持公正司法，持续加强促进民营经济发展壮大的司法保障

坚持公正司法是强化促进民营经济发展壮大法治保障的重要环节。强化促进民营经济发展壮大的法治保障，就必须严格公正司法、坚守公平正义底线，持续加强促进民营经济发展壮大的司法保障。党的二十大报告明确指出，"公正司法是维护社会公平正义的最后一道防线"。强化促进民营经济发展壮大的法治保障，不仅需要坚持科学立法、严格执法，更需要坚持公正司法。如果司法不公正，就失去了维护社会公平正义的最后一道防线,民营经济主体的合法权益就难以得到有效保障,民营经济的发展壮大更是无从谈起。为此,最高人民法院发布的《指导意见》专门强调,要"坚持全面贯彻依法平等保护原则""运用法治方式促进民营经济做大做优做强""依法保护民营企业产权和企业家合法权益""持续提升司法审判保障质效",对涉及民营经济的司法工作提出了更为明确的具体要求。

加强促进民营经济发展壮大的司法保障,需要从以下四个方面重点推进。一是要坚决贯彻落实对民营经济平等保护的基本原则,在司法领域做到对民营经济一视同仁,确保民营企业和企业家在诉讼地位方面平等、在诉讼权利方面平等,坚决反对各种不同形式的歧视和不正当区别对待。二是要全面加强对民营经济主体合法权益的司法保障,在司法实践中尤其要严格区分经济纠纷与违法犯罪,严格落实罪刑法定的刑法基本原则,确保民营企业产权和民营企业家的合法人身权利不受非法侵害。三是要进一步规范司法程序,坚持程序正义,严格按照法律规定的程序处理涉及民营经济案件,切实有效保障民营企业和企业家的各项诉讼权利不受侵害和非法剥夺。四是要进一步强化涉民营经济案件的审判监督机制,在依法稳慎审理涉民营企业案件的同时,注重加强对涉民营企业案件的审判监督管理,严格落实错案责任追究制度,切实保障民营企业和企业家的合法权益。

坚持全民守法,全面夯实促进民营经济发展壮大的法治根基

坚持全民守法是强化促进民营经济发展壮大法治保障的基础环节。强化促进民营经济发展壮大的法治保障,就必须大力弘扬法治精神,加快建设法治社会，坚持全民守法，全面夯实促进民营经济发展壮大的法治根基。党的二十大报告明确指出，"法治社会是构建法治国家的基础"，对法治社会建设的重要意义进行了重点强调。事实上，法治社会不仅是构建法治国家的基础，也还是促进民营经济发展壮大的重要基石。民营经济的发展壮大，离不开全民对法治的信仰和遵守，离不开良好的法治环境。促进民营经济发展壮大，必须坚持全民守法，全面夯实促进民营经济发展壮大的法治根基。

夯实促进民营经济发展壮大的法治根基，需要从以下三个方面重点推进：一是要广泛开展形式多样的法治宣传教育，大力弘扬社会主义法治精神，不断增强全民法治观念，尽快形成全民守法的良好社会氛围。法治社会是促进民营经济发展壮大的重要基石。因此，必须通过广泛宣传教育培养民众法治观念，形成全民守法的良好社会氛围，夯实促进民营经济发展壮大的法治根基。需要注意的是，由于法治观念的培养与法治社会的建设不可能一蹴而就，法治宣传教育也必须长期坚持、久久为功。二是要进一步强化民营企业家的合法合规经营意识，通过设置相应的奖惩机制，促使民营企业家真正认识到守法的重要性与违法的严重危害性，自觉做到真正信仰法律、遵守法律。市场经济必然是法治经济，民营经济要发展壮大，就必须进一步强化法治意识，把"合法合规"理念贯穿企业经营的始终。三是要确保国家机关及其工作人员带头守法，充分发挥示范带头作用，并以此促进尊法学法守法用法良好社会氛围的形成。全民守法，首先是国家机关及其工作人员必须带头守法。党的二十大报告明确指出，"坚持法治国家、法治政府、法治社会一体建设"，对法治国家、法治政府、法治社会之间的密切关系进行了重点强调。坚持全民守法，国家机关及其工作人员必须做到带头守法；如果行政机关及其工作人员做不到带头守法，就难以形成全民守法的社会氛围。

总之，市场经济必然是法治经济，促进民营经济发展壮大必须进一步强化法治保障。强化促进民营经济发展壮大法治保障是一个较为复杂的系统工程。为此，需要从立法、执法、司法、守法等多个环节入手，在立法环节尽快完善促进民营经济发展壮大的法律体系，在执法环节不断提升促进民营经济发展壮大的执法水平，在司法环节持续加强促进民营经济发展壮大的司法保障，在守法环节全面夯实促进民营经济发展壮大的法治根基，构建体系完备、公平高效、公正廉明、和谐统一的促进民营经济发展壮大的法治保障体系。

《清华金融评论》2024年第3期

四 坚定做中国特色社会主义的建设者、中国式现代化的促进者

民营经济的发展环境与民营企业的强壮之道 / 范恒山

建设高水平民营企业家队伍全力推动新时代民营经济新飞跃 / 浙江省工商联

新希望集团：向新而行，有新作为 / 刘永好

在竞争中打造世界级品牌 / 王传福

献给春天的演讲：相信 / 王兴兴

民营经济的发展环境与民营企业的强壮之道

范恒山

回顾过去，在民营经济发展的进程中，总是面临着一些杂音的干扰，其中有对民营经济出言不逊的，也有谤议民营企业发展环境不好的。不少民营企业忧心忡忡，担心地位不保，随时被整治；担心市场不佳，发展无前途；担心形势多变，投资打水漂。于是，有的要躺平，有的要迁移、有的要转让。形成这种状况的原因有许多，其中一个根本性的原因，是一些民营企业对发展大势没能深入准确地把握，但又往往过分看重和依赖外部环境，小看自身在发展中的主导性和能动性。鉴此，我就我国民营经济发展的整体环境和民营企业应当选择的发展路径谈一些认识，主要有两点。

一、民营经济发展的道路宽阔、前景可期

民营企业最为担心的是自身的发展前途，这种担心既源于对政策走向与制度环境的信心，又来自关于市场状况和经济态势的认识，在本质上关联着民营经济的社会地位和运行空间。以过去多年的实践为依据，

范恒山，经济学家。

我们有充分理由认为这种担心是不必要的，民营经济发展前途光明，民营企业大有可为。

第一，从制度保障看，发展民营经济是我国基本经济制度的重要内容

关于民营经济的的认识是不断深化的。在党的十五大确立的"非公有制经济是我国社会主义市场经济的重要组成部分"、"对个体、私营等非公有制经济要继续鼓励、引导，使之健康发展"的基础上，中央进一步确立了"两个毫不动摇"的方针，其中之一是"毫不动摇地鼓励、支持、引导非公有制经济发展"。到目前为止，党和国家的这一立场坚定不移，从来没有动摇过；在历次重大会议和重要文件中，党和政府对这一方针不断加以重申，从来没有改变过。发展民营经济同发展国有经济一样，成为了国家基本经济制度的重要内容，一道受到国家法律保护和支持。

第二，从社会地位看，民营经济发展已遍布国家经济社会的各个领域，对促进发展、改善民生、增强国力、维护安全发挥了重要作用

民营经济不断发展壮大，通常的说法是，目前民营经济已经形成了"五、六、七、八、九"的发展格局，即贡献了50%以上的税收，60%以上的国内生产总值，70%以上的技术创新成果，80%以上的城镇劳动就业，90%以上的企业数量。发展民营经济是市场的需要，是不断满足人民日益增长的美好生活需要的要求。民营经济已融入中国经济的血脉之中，是国家骨骼的一部分，地位不可动摇，发展难以替代。

第三，从发展势态看，中国经济发展空间阔、韧性强、潜力大，长期向好的趋势不会改变，民营经济运行舞台宽广

过去几十年，中国经济发展先后遭遇了封锁制裁、亚洲金融危机和世界金融危机、重大疫情袭扰、围堵遏制等各种严重困难，但仍然乘风破浪、稳健运行，保持了长期高速增长的态势。从过去到现在，唱衰中国、放言中国经济崩溃的声音一直没有停歇，但结果是"崩溃论"一再崩溃。中国经济保持长期稳定发展的基本原因在于具有长、中、短三个方面的因素做支撑。长期发挥作用的因素是庞大的市场和有为的政府。"庞大的市场"是十四亿多人支撑的市场，它从填平补齐、取代替换、转换升级等方面催生了庞大的需求与供给，进而带来了巨大的发展能量。"有为的政府"通过富有效率的运作，弥补市场机制存在的缺陷，推动市场更加有效的运行。中期因素在于，围绕经济转型、市场开拓、民生改善等与时俱进制定实施的一系列重大战略，往往能对5—10年或更长时间的经济发展产生巨大的推动作用。短期因素是，各级政府特别是中央政府着眼于化解现实突出矛盾、实现年度与近期经济社会发展目标及时采取一系列政策举措，主要是运用政策杠杆对经济运行进行适宜的调节或调控。从这些年诞生的相机调控、区间调控、跨周期调控、逆周期调控、定向调控、精准调控等经济术语能够清晰地观察到这一点。长中短三方面因素相互激发、有机结合，带来了我国经济的巨大韧性，支撑着长期向好发展的势头。从未来看，全面建成社会主义现代化强国的征程已经开启，高质量发展成为首要任务，这样的环境使经济发展的前途更加清晰，空间更加广阔，这也给民营经济发展提供了极为宽广的舞台。

第四，从营商环境看，为民营企业等各类市场主体服务的政策法规、体制机制性条件将不断改善

过去一些年来，以"放管服"改革为依托，以具体事项办理状况为牵引，以市场化、法制化、国际化为导向，营商环境建设取得重要进展，行政审批权力的运用空间大大压缩，政府服务质量明显改善。如今，优化营商环境已成为各级政府的自觉行动和地区间比拼的重要内容。下一步，营商环境建设将朝两个方向延展：一是从面向所有企业的普惠化服务朝着着力为每一个企业排忧解难的个性化服务延展；二是从主要是通过简政放权提高效率为企业提供方便向优化制度与政策为企业提振信心延展。这就是党的二十大报告所明确指出的："完善产权保护、市场准入、公平竞争、社会信用等市场经济基础制度，优化营商环境。"这意味着，民营经济的发展环境会持续改善。

第五，从历史事实看，过去几十年来，民营经济不仅没有受到打压，而且得到了国家的大力支持和推动

国家就鼓励支持民营经济发展发布了若干个号称"几十条"的文件，民营企业所经营的领域几乎涉及到所有方面。政府部门和民营企业间确立了"清、亲"关系。对那些面临危机濒临倒闭的企业，各级政府尽全力出手相救。除非掌握确凿的违法事实，不会对民营企业法人及企业采取法律与行政措施，即便是对一些社会舆论较大的民营企业也是如此。对极个别因行政干部违法造成民营企业损失的情况，在查明情况后，国家在对涉事公职人员依法依规处置的同时，对受损民企予以合理赔偿。我们看到，过去几十年来，一批优秀的民营企业脱颖而出，不断发展壮大，成为市场的中坚力量，也成为中国乃至世界的著名品牌。

综上所述，民营经济发展前途光明、前景可期。民营企业应擦亮眼睛，不要为假象所迷惑，不要把杂音当主调，不要把对违法犯罪者的惩治与打压与民营经济划等号。应对市场充满信心、对经济发展前景充满信心、对国家的未来充满信心，以更加积极主动的姿态和更富开拓性、创造性的努力投入到全面建设社会主义现代化的建设进程之中。

二、民营企业做强做大须知晓敬畏、善于进取

公务人员有从政的守则，专家学者有治学的规矩，兴业从商有应遵的轨道。历史和现实给了我们足够的知识和全面的镜鉴，可以从中吸取有益的经验和教训，并依此优化发展路径与方式。对企业来说，外部环境是十分重要的，但同时也要认识到，再好的环境，也有企业倒闭破产、折戟沉沙；再坏的环境，也有企业崭露头角、脱颖而出。企业实现成功的路径是多种多样的，可以八仙过海、各显神通，但也有必须遵循的规律、遵守的底线、把握的原则。总体来说，民营企业要做强做大，必须知晓敬畏、善于进取。

第一，知敬畏：守住底线，心有所惧、行有所止

守住底线是企业平稳运行、安全发展的基础，也是企业发展壮大的前提条件，是大而不倒、强而不衰的重要保障。在这个方面，重要的是恪守"八忌"：

其一，忌违法乱纪。这是最基本的要求。企业在生产经营上要矢力

创新，但各种行为必须要严格守法。一朝违法，终生受咎。不要存在侥幸心理而挑战法律底线，违法乱纪免不了会遭到"秋后算账"。要认识到，千金难买自由，违法犯罪的钱不赚也罢。

其二，忌践踏爱国主义。爱国是每一个公民应该具有的内在品德和基本义务，企业和企业家尤应坚守爱国主义精神。一则，企业的发展和企业家的成长离不开祖国沃土的养育，国家总是提供过直接和间接的帮助，要懂得感恩；二则，企业的发展前行、企业家的成长提升可以与某个人、某一群人，甚至某一个地区断绝关系，但永远也不可能与一个占全球人口1/6强、全球化联系宽广深厚，对世界经济增长贡献已超过30%的祖国脱离关系。任何时候都不要对自己的祖国言行不恭，否则就会是自毁前程、自取其辱。

其三，忌干政弄权。企业生产经营与治国理政是性质完全不同的两件事。企业干政弄权属于越界操作，除非你另有所图，都应始终把自己的行为严格限制在从事生产经营的限度内。干政弄权为社会治理规则所不容，不仅会使企业发展深陷窘困，也会使企业家自己蹈入危险境地。

其四，忌长期搞家族制。家族制与现代企业制度不相兼容，不利于科学决策和有效治理，也不利于素质提升和创新驱动，容易形成家长式决策和任人唯亲式管理，是企业破败的根源。不宜搞大量使用家庭成员的直接的家族制，也不宜搞任用亲信心腹的间接的家族制。当然，家族制运作在民营企业初创时期往往难以避免，但要想持续做强做大，必须痛下决心改变这种状况，切实建立起现代企业制度和科学的法人治理结构。

其五，忌肆意扩张。企业盲目拓展、四面出击必然导致衰亡，是为实践所反复证明的一个道理。能力不及、管理薄弱、资金短缺等是导致这种结果的原因所在。企业在运营领域上适宜的选择是专注一行、做深做精；适当拓展、一举多元。对自己的知识水平和管理能力要有清醒的认识，不要以为把这一行做好了就能够把所有行当都做好。

其六，忌背离政策导向。政策是国家发展的指南，是市场成长的空间，也是企业获取利润的机会与载体。顺着政策走，必然受益无穷；逆着政策干，一定前途渺茫。这些年房地产运行的状况为此提供了深刻而生动的例证。在"房住不炒"政策出台后仍如以前一样靠"吃两头"虚作空转的房地产企业，无一例外都陷入了困境。企业发展靠管理者的能力和水平，而其中一个重要方面是企业管理者具有把握政策、运用政策的能力和水平，且这一点在中国特别重要。

其七，忌高傲自大。和气生财、谦逊得利。骄矜傲慢、目空一切会疏远朋友，招来嫉恨，对企业而言就是疏远资源和市场，招来麻烦与障碍。企业经营者的能力有高低之分，且这种能力在很大程度上影响着企业的发展状况，企业经营管理者要持续加强学习，不断提高自己的能力和水平。但同时要认识到，企业的发展取决于多种因素，企业经营者不要把企业成功都视作自身能力所致，特别是不能把国家政策的威力误作做是自己本身具有的能力。

其八，忌背信弃诺。人无信不立、商无信不兴。中华民族以诚信立世，仁义礼智信是我们的传统美德。背信者最终会遭到唾弃，成为孤家寡人，并付出沉重代价。就企业发展而言，其成长壮大有赖于经济的良性循环，而良性经济循环来自于企业间的密切合作。没有信誉，契约关系就难以维护，经济循环也不能有效展开，企业合作自然也无法持续进行。

第二，善进取：勇于开拓，把握规律、灵活应变

民营企业要做强做大，既要坚守底线，也要勇于开拓，好的发展前途需要争取，踔厉奋发、不断创新才能赢得光明的前途。发展模式千路万径，经营方法千差万别，民营企业要基于外在环境和内部状况而进行科学决策、合理取舍。我认为，把握如下六个方面非常重要。

其一，要不断提升企业和企业管理者的素质。相对而言，我国相当一部分民营企业及其管理者的素质还不够优良，需要基于道德修养和制度建设大力提升。企业的素质体现在制度体系和管理构架的模式上，企业管理者的素质则体现在思想境界和治理能力的状况上。企业制度要与现代市场经济相对接，体现时代水平和创新需求，企业管理要以人为本、以市场为中心。企业应当以赚取尽可能多的利润为己任，但同时也必须有国家情怀、社会责任和商业信誉，不能成为唯钱是图的奴隶。企业管理者应具有良好的思想精神、文化内涵和道德修养，不能成为热衷于花天酒地、招摇显摆、趾高气扬的土豪。企业与企业管理者之间所比较和竞争的应当是境界、能力与奉献，而不是派头、奢华和狂妄。我们能看到，我国现实生活中那些财产组织形式与法人治理结构现代化程度较高，经营管理者市场意识敏锐且具有良好思想境界、厚重社会情怀的企业，往往都能够持续壮大、历久不衰。

其二，要紧紧把握发展大势与政策导向。明了大势，就能把准企业运营的方向，从而不会做违规逆律的决策，不会犯覆巢毁卵的错误。熟悉政策，不仅能获取国家赋予的红利，也能抓住市场的机遇。企业要建立强有力的形势预判和政策研究机构或队伍，企业管理者要多腾出时间搞调研、学政策、观市场。

其三，要积极融入对接国家重大区域战略。区域重大战略由国家为特定区域量身打造，有政策叠加、项目倾斜、环境优良、先行先试等特殊红利，因而有巨大的利益获取空间。先融先受益、深耕深扎基。民营企业要发挥机制灵活的优势，紧跟国家区域重大战略实施步伐，力求先行一步进入实施区域，以重点项目为载体，积极抢占发展先机。

其四，要抢先运用或借能先进工具性或平台性科学技术。数字技术、产业互联网等工具性或平台性技术是新一轮科技革命和产业变革的核心成果，将对生产、生活、治理、运行等各领域、各方面产生革命性影响。对企业来说，它们不仅是提升产品与服务质量的手段，也是推动生产经营创新的支撑。谁率先利用，谁就能争取主动，反之迟疑一步，则落后千里。民营企业要有机衔接、深度融合，及时打造基础设施，合理利用公共平台，实现数字化转型和智能化改造。

其五，要善于在"结合部"上做文章。"结合部"最容易被忽视，但一旦涉足，就能获得意想不到的益处。"结合部"竞争相对薄弱，小的投入可以取得更多的产出；通过"结合部"还能合理规避某些政策限制与市场制约，拓展产业发展空间。"结合部"是融合创新、集成创新的载体，由此可以占据科技革命和产业变革的高地。民营企业要高度重视"结合部"开发，例如可以把房地产开发与发展康养、文创、特色旅游及美丽乡村建设、城市更新改造有机结合起来。

其六，要把握人性特征，紧扣舒适性、幸福感要求拓展产品和服务。适应生产力不断发展、人民对美好生活需求日益增长的愿望，注重基于美观、舒适、方便、愉悦等人性取向拓展产业门类、创新产品式样，相应加强定制性个性化设计。要走在市场前面，预判消费者需求，注重细节与关键，使产品和服务的每一个创新都能令消费者眼睛一亮、心头一振。

  总之，民营经济发展前景光明，民营企业要始终坚定信心，任凭风浪涌，稳坐钓鱼船，心无旁骛搞经营。前进道路上充满机会，但机会稍纵即逝，需要努力争取。机会永远是留给那些砥砺前行的企业和人们的。我们要努力奋斗，迟疑不如前行，慢走胜过躺平。

（本文为作者在第七届中国民营企业合作大会上的发言，收录本书时有所修改。）

《今日国土》2024年Z1期

建设高水平民营企业家队伍全力推动新时代民营经济新飞跃

浙江省工商联

习近平总书记强调，党中央始终坚持"两个毫不动摇""三个没有变"，始终把民营企业和民营企业家当作自己人。要引导民营企业和民营企业家正确理解党中央方针政策，增强信心、轻装上阵、大胆发展，实现民营经济健康发展、高质量发展。省委、省政府高度重视民营经济高质量发展和民营经济人士健康成长工作，坚持统筹推进"两个健康"，持续打造高水平创新型浙商队伍，统筹谋划推进民营企业家队伍建设，率先发布"两个健康"指标体系，持续擦亮"浙商永远跟党走"金名片。大力开展新生代企业家培育行动，常态推动构建亲清政商关系，不断汇聚浙商合力、彰显浙商担当。截至2023年末，浙江在册经营主体数量达1034万户，其中民营企业和个体工商户1001万户，占96.8%。浙江108家企业入围"2023中国民营企业500强"，连续25年居全国首位。民营企业和民营企业家不仅为经济发展、技术创新、增加就业和改善民生作出了巨大贡献，也在乡村振兴、共同富裕、公益慈善等领域展现了责任担当。

民营经济是浙江最大特色和最大优势，民营企业家是浙江最宝贵财富。2024年2月18日，省委召开"新春第一会"，提出全面加强高素质干部队伍、高水平创新型人才和企业家队伍、高素养劳动者队伍建设的工作目标,作出"树牢1个理念、聚焦6大方向、实施7项行动"的重大部署,对民营企业家队伍建设提出了新的更高要求。我们要自觉把思想和行动统一到省委决策部署上来,按照"企业家要做创新发展的探索者、组织者、引领者"要求和浙商再出发"雄鹰"行动具体要求,深入谋划推进民营企业家队伍建设的思路举措,进一步凝聚共识、形成合力,努力打造一支能担当、能闯关、能包容、能坚守、能出新的高水平现代化民营企业家队伍,让浙商成为全国标志性群体。

一、强化思想政治引领,持续擦亮"浙商永远跟党走"金名片

加强政治引领。发挥好浙江作为"三个地"的重要优势,引导浙商大力弘扬伟大建党精神和"红船精神",传承红色基因,守好"红色根脉",争做"两个确立"忠诚拥护者、"两个维护"示范引领者。深入开展"浙商永远跟党走"主题活动,教育引导浙商用习近平新时代中国特色社会主义思想武装头脑、指导实践,不断增强政治定力、坚定发展信心。

深化理想信念教育。加强对浙商世情国情党情教育,引导浙商不断增进对中国共产党和中国特色社会主义的政治认同、思想认同、理论认同和情感认同。建好用好"新时代民营企业家宣讲团",以"企业家讲、讲给企业家听"的形式,加强广大浙商的自我学习、自我教育、自我提升。

突出党建统领。引导浙商支持企业党建工作,推动党员浙商带头推进党建和企业文化融合,把爱党、忧党、兴党、护党落实到经营管理各项工作中,以高质量党建引领企业高质量发展。

加大宣传力度。大力宣传优秀浙商和民营企业,持续讲述浙商好故事、宣传浙商好典型、发出浙商好声音,让企业家精神、"四千"精神和新时代浙商精神更加深入人心。

加强正向激励。积极争取设立面向民营企业家的正向激励制度,设立浙江企业家节,持续推动优秀中国特色社会主义事业建设者等评选表彰活动,利用世界浙商大会等重大平台加强对优秀浙商的表彰奖励,形成尊重、关爱优秀企业家的社会氛围和鲜明导向,激发浙商创新创业热情。

二、聚力做好服务文章,不断激发民营企业创业创新活力

提振浙商发展信心。引导浙商正确认识和把握经济形势,善于战略性布局、前瞻性布局,有效防范化解市场风险,努力在危机中育新机、于变局中开新局。激励浙商完整、准确、全面贯彻新发展理念,主动融入新发展格局,专注品质、追求卓越,聚焦主业、坚守实业,推进技术、模式和业态创新,努力抢占产业发展制高点,奏响"浙商创造"最强音。

服务浙商创新发展。推动浙商企业加强与高校、科研院所合作,促进人才资源、科技创新要素向民营企业集聚。引导浙商积极参与三大科创高地建设,主动布局数字经济、生命健康、新材料等战略性新兴产业和未来产业。实施"中国民营企业500强"浙江企业培育工程,以开展科学企业家选树活动为契机,激励浙商聚力科技创新,坚定走创新驱动、转型升级之路。

促进浙商开放发展。牵头举办世界浙商大会,牵引集聚天下浙商磅礴力量。组织开展"长三角企业家联盟走进浙江"系列活动,引导企业

主动融入长三角一体化高质量发展。开展"天下浙商家乡行""知名浙商天下行"系列活动，助力浙商抢抓国家和浙江重大战略机遇。发挥浙江省民营经济国际合作商会等社团作用和海外浙商群体优势，引导浙商拓展国际视野，树立全球"人才观"，着眼强链、延链、补链，服务民企高水平"走出去"闯天下和高质量"引进来"强浙江。

打造国际一流营商环境。宣传贯彻中央"31条"和浙江"32条"等政策，落实落细《浙江省民营企业发展促进条例》《浙江省优化营商环境条例》，提高政策知晓度和执行率。完善党政领导联系民营经济代表人士制度，迭代打造"亲清直通车"工作品牌，推动落实民营企业家参与涉企政策制定、民营企业家代表列席党委经济工作会议等常态化政企沟通机制，进一步畅通民营企业诉求建议反映渠道。开展万家民企评营商环境、万家民企评银行等系列活动，助力打造营商环境最优省。

三、聚焦助力共同富裕，充分彰显民营企业责任担当

引导浙商助力共同富裕先行。推动浙商将资本、技术、人才和信息向山区海岛县集聚，促进区域协调发展。引导浙商积极探索多形式、多层次的分配方式和员工激励机制，全力保用工促就业，关心关爱员工，构建和谐劳动关系，打造利益共同体。发挥省外浙江商会优势，组织引导在外浙商回乡投资兴业，踊跃投身家乡共同富裕示范区建设。

引导民企履行社会责任。引导浙商参与"万企兴万村"行动，踊跃投身"共富工坊"建设，助力乡村振兴。开展浙商绿色发展互学互促活动，引导浙商走绿色低碳发展道路。组织浙江省民营企业履行社会责任研究和社会责任领先企业评选，引导浙商努力寻求企业发展与社会责任

的最大"公约数",打响"责任浙商"品牌。

四、推进清廉民企建设,促进浙商在诚信守法上先行示范

引导浙商诚信守法。认真落实亲清政商关系指引,实施政商交往正面清单、负面清单和倡导清单,引导浙商自觉做到诚实守信、合法合规,主动践行亲清政商关系。引导浙商牢固树立法治意识、法治观念和法治思维,增强契约精神,秉承诚信为先。推进涉案企业合规第三方监督评估工作,发挥第三方机制管委会平台作用,促进浙商合法经营、依法维权、诚信守法。建立民营企业信用体系建设工作机制,推动浙商坚持信用至上,打响浙商产品和服务口碑,打造一流产品、建设一流企业。

推进清廉民企、清廉商会建设。实施"清廉民企优化、清廉商会示范"等行动,推进民营经济领域清廉单元建设,实施清廉民营企业示范单位培育计划,加强清廉民营企业理论研究。推进清廉商会培育,强化服务监管,构建评价体系,规范商会治理,努力营造民营经济清明、清朗、清新的良好生态。深化"商人纠纷商会解"工作,维护民营企业合法权益。

五、实施"青蓝接力"工程,推进新生代浙商政治和事业双传承

优化代表人士队伍结构。深入实施"浙商青蓝接力工程"和新生代企业家"双传承"计划,提升新生代企业家现代化能力。开展新生代企业家培育行动,建立健全发现、培养、使用、教育和管理全流程工作机制,推动民营经济代表人士结构迭代优化。建立新生代企业家定期走访

和沟通交流、跟踪服务机制，努力在战略性新兴产业、高技术产业、先进制造业、现代服务业和现代农业等领域发现和选拔一批优秀新生代企业家。加强新生代企业家政治安排和实践锻炼，健全选用、履职考核和退出机制，落实各级工商联企业家执委中新生代企业家比例不少于30%，推荐新生代企业家担任工商联所属商会负责人。

构建教育培训工作体系。系统开展新生代企业家综合培训工作，依托国企、高校、社会组织、知名民企和网络媒体等，发挥战略企业家学院等作用，探索打造浙商素质提升培训基地，每年培训新生代企业家5000名以上。积极推行"导师制"，加强"新老"浙商传帮带，组织开展"浙商传承营"等活动，促进浙商精神传承。

健全完善新生代企业家人才库。加强对新生代企业家队伍的综合调研和系统排摸，深入了解掌握优秀新生代企业家底数。扩大选人视野，兼顾不同地区、行业、大中型企业和小微企业，壮大浙商人才队伍规模。充分运用数字化改革成果，分层分级分类，建立健全新生代企业家人才库，形成浙商人才储备和梯次培养体系。

《政策瞭望》2024年第2期

新希望集团：向新而行，有新作为

刘永好

作为一家传统企业，身处这样的农业领域，在新格局下，我们得有新发展。靠什么发展？要靠新质生产力，所以我们相对比较早就在科技上做了一些布局和安排。

"我们是改革开放的受益者、参与者、见证者，当然一定程度上也是推动者。"

刚刚召开的中央经济工作会议提出了更加积极的财政政策和较宽松的货币政策，同时为企业家、特别是民营企业家和制造业企业家提供了很多的创新政策，这对我们是一个鼓励。

2024年，我们多数企业会有一些压力。压力在于市场，在于国际，在于方方面面。我结合新希望集团的一些微观情况，谈谈我们的做法。

新希望集团自1982年创业至今已走过42年，我们几乎经历了中国改革开放的全过程。我们是改革开放的受益者、参与者、见证者，当然一定程度上也是推动者。

我在1982年下海，那时非常穷，很多人吃不饱饭，不管做什么，总

刘永好，新希望集团有限公司董事长。

能卖得出去，而且一抢而空。我们当时生产饲料，要把它卖出去，不是我们做了多少推广或推销，而是我们应对的是供不应求的市场，因为啥都不够。

1992年，希望集团正式成立，成为中国内地第一家民营企业集团，1993年我成为全国政协委员。全国政协会议上，我在人民大会堂作了发言，发言题目就是《私营企业有希望》，得到了众多的肯定和反响。

1998年，我们成为上市公司，后来又成为中国最大的民营农业企业之一。1999年开始，我们走出国门，在"一带一路"共建国家和地区建厂，截至今天，全球二三十个国家和地区都有我们的企业。我们成为中国"走出去"比较早的一批民营企业，现在规模也比较大，在海外有2万多员工。而后，我们的乳业公司上市、化工公司上市，企业也逐步做强做大了。

2021年，我们成为世界500强。这40多年来，我们从1000元起步，到今天成为中国农业类的大型企业，成为中国民营企业中有一定规模的企业，见证了中国经济的进步、成长和发展——我参与其中，我感到骄傲。

但是现在，格局发生了变化。面对变化，我们做了什么？有人说我们是养猪的，也有人说我们是做饲料的，其实都没错。我们集团大概在做五件事：

第一，做饲料。2023年新希望饲料销量达2800多万吨，排到全国第一位，在世界也是第一位。

第二，做冷链物流。我们的冷链物流公司2023年被行业评为第二位，2024年有希望是第一位。

因为我们成长得比较快，也比较好，我们抓住了新质生产力的机遇，用数字化能力和手段把时间、空间、距离、动态、气候和方方面面的要素集合起来，实时、全在线地为行业赋能。我们刚刚完成了新一轮融资，成为一家拥有100多亿元估值的冷链物流独角兽企业。

第三，养猪。我们2023年养了1700多万头，排到全国第三。中国人吃猪肉吃得多，全球一半猪肉被中国人吃掉了，中国企业也养了全球一半的猪。确实，过去两三年，"猪周期"进入底部，很多企业亏损，我们的企业也出现了亏损。还好，2024年第二季度起，猪价开始反弹，所以我们盈利会是大概率事件。

第四，我们做肉食品加工。猪肉仍然是中国老百姓最喜欢的产品，另外，肉品和食品的加工量，年产240万吨，排到全国第四。

第五，我们的乳业。不管是销售规模还是市值都是100多亿元，在中国排第五位。

我们做农业，包括饲料、冷链、养猪、肉食品加工和乳制品这5个，乳业当然以销售为核心，冷链物流在中间，养猪当然在前列。我们干了40多年，基本围绕农业和食品来做，而农业食品现在占整个集团的销售超80%，用工也超过80%。所以我们是中国一直做农产业的企业，40多年一直坚守。

作为一家传统企业，身处这样的农业领域，在新格局下，我们得有新发展，靠什么发展？要靠新质生产力，所以我们相对比较早就在科技上做了一些布局和安排。比方说，2024年我们荣获了国家科技进步二等奖，这个二等奖是什么呢？是肉鸭的培育、育种。

我们培育出一种"中新北京鸭"——"中"是中国农科院，"新"是新希望集团，"鸭"是中国自己的"鸭"。这个鸭替代了进口，现在市场推广了数亿只，不管它的生产、长肉还是适应性都是相当好，这是科研项目。

像这样的科研项目，我们承担了很多，包括国家级的、省级的，这几年我们荣获8个国家科技进步二等奖。一个民营企业拿到8个国家科技进步二等奖，说明我们在科研、技术、研发上取得了相当的进步和成就。

我们提出了"饲料节粮行动"，粮食非常重要，我们是最大用粮企业之一，我们要在这方面下功夫。我们提出通过科技的能力，通过管理能力，通过生产精细化创造价值，每年节约1%饲料粮的使用，这样每年将节省近30万吨粮食。

所以，我把这个想法在集团内推广，也向有关领导报告，领导和我说这做得非常好，大力支持。但希望不止你一家，假如大家都行动起来，我们用粮企业都动起来，效果会更好。于是，我们牵头成立了包括20多家企业和机构的"饲料节粮科技创新联合体"，我们想通过努力，每年都为国家节约粮食，这样价值、贡献可能会很大。这是我们用科技的力量，用新的方式推动发展的一些具体行动。

刚才讲到，鲜生活冷链就是靠科技、靠数字化能力，我们一方面通过全实时、全在线的各种数据，赋能冷链物流车主。另一方面，市场上，国家建了那么多冷链库，我们通过云仓、云库的方式把它连接起来；此外，还通过安全、准确、有效、低成本的配送体系，为全国大的食品供应商提供冷链服务。我们现在服务了差不多100万家门店，有的配送一次，有的两三次，成为中国最大的冷链物流企业。

"我们用数字化能力和手段把时间、空间、距离、动态、气候和方方面面的要素集合起来，实时、全在线地为行业赋能。"

我想，这都是数字科技的体现。另外，要靠组织的数字化。

大概两年前，我们组织了集团240个中层以上的员工进行数字化培训，为期半年。我们跟哈佛商学院合作，搞了一个这样的数字化培训。

四、坚定做中国特色社会主义的建设者、中国式现代化的促进者

在此基础上,我们做了15个数字化灯塔项目,在养猪场、冷链物流企业,以及乳业的加工厂销售体系用数字化来武装,我觉得这些都产生了相当的效果。

"在新格局下,民营企业都应该有新的社会责任。"

我们把组织数字化、场景数字化和安全数字化做到了大体系中,特别是安全数字化。新希望建设了一站式食品安全"可追溯"平台的"鲜活源",一瓶优质牛奶从"牧场"到"餐桌"的全链路监控和数据沉淀,正反向可追溯,让每一环节都透明可视,并与多地政府平台的食品安全信息系统对接。

牛奶越新鲜,口感越好。我们推出24小时鲜奶,从产奶到运输、加工、包装和销售,再到卖出,就是24小时——这对我们的要求更高了。如今24小时鲜奶在市场上销售非常好,而且盈利还相对比较高,背后靠的是数字科技赋能,这就是在新格局下一些新的创新,传统企业仍然可以走科技创新的道路,可以把企业做得更好。

另外,企业在做大做强的同时,还应该有社会责任。30年前,在中央统战部和全国工商联支持下,我和其他9个民营企业家一起发起倡导扶贫的光彩事业。光彩事业正是我们广大民营企业家响应党的号召,用我们的实际行动为扶贫做贡献,献出我们光和热的具体措施。拿新希望集团来讲,30多年来,我们在光彩扶贫事业上投资了50多个亿,另外又捐款了10多个亿用在光彩扶贫事业上。

为此,我们不但荣获了全国脱贫攻坚奖奉献奖,也为老少边穷地区作出了贡献。我们在四川凉山创建了1+1+1+1+N精准扶贫模式,我们企业捐赠的资金,社会捐赠的资金和政府扶贫资金的一部分,我们把它集中起来,一部分用作建房,一部分用来办现代化的养猪场,同时招收一

部分当地的农民朋友到养猪场务工。这样农民朋友既有工资性的收益，又有分红的收益，效果非常好，而且可持续。这被农业农村部授予脱贫攻坚的典型项目，我觉得这些都做得很好。

现在脱贫攻坚取得相当成果后，国家又提出乡村振兴战略，光彩事业重点又转向乡村振兴。在这个格局下，新希望集团提出新目标，新希望5年要为"乡村振兴"做五件事：第一，带动500亿元的投资；第二，新增5万个就业岗位；第三，帮助5万家庭农场主和小微企业；第四，培育5万名乡村技术人才；第五，建设5个乡村振兴示范基地。如今四年过去了，我们"五五工程"有的已经基本完成，有的已经超额完成，有的还在路上。

我们每年都搞一个乡村振兴"村长班"，在全国筛选一批村支书、村委会主任，把他们集中在某一个地方进行学习，学习时间一周以上。并且我们有三年的时间学习+线下互动，这种效果非常好。第一届跟北大国发院合办的，第四届在浙江余姚，得到方方面面的认同，更重要的是为国家乡村单元的这些致富带头人们提供了新的学习渠道，让他们互动、交流、沟通，来推动当地经济的发展，我觉得这样效果是很好的。

这就是我们的社会责任。我相信，在新格局下，民营企业都应该有新的社会责任。为国家做贡献的同时，我们的企业还得要进步，还得要发展。"希望让生活更美好"是我们集团的目标，我想也是广大民营企业的想法。

（本文为作者在《中国企业家》杂志社主办的"第二十一届中国企业领袖年会"上的发言。）

《商业文化》2025年第2期

在竞争中打造世界级品牌

王传福

国际对中国新能源汽车的发展
表现出明显焦虑，
正反映出中国自主品牌的崛起。
中国自主品牌
在新能源汽车领域长足发展，
技术创新、产业链建设等方面
成效显著的同时，
也面临激烈竞争，
但这正是市场经济的本质，
中国企业要拥抱、参与"卷"，
在竞争中打造世界级品牌。

中国新能源汽车在国家战略的引领下，经历了翻天覆地的变化。无论是从规模、质量、产业链还是成本方面，都取得了显著的进步。

国外对中国新能源汽车的发展很焦虑，甚至有的很害怕。我们说好，

王传福，比亚迪股份有限公司董事长。

大家不一定信，他们担忧害怕，反而说明了我们自身真的做得不错，不强的话，别人的不会怕。特别是欧洲和美国的汽车产业，作为汽车的发源地和老牌强国，他们面对中国新能源汽车的崛起，采取了诸多措施、政策和高关税壁垒，这些反常举动让我们对中国自主品牌感到无比骄傲。

战略引领下的巨变

近年来中国自主品牌在新能源汽车领域取得了长足的进步。在技术提升、产业链建设、产品开发以及市场营销等方面，都取得了显著的成效。当然，行业发展有喜有忧，有挑战有机遇，新能源汽车也不例外。

近期，在网上看到"卷"的问题，卷价格、卷技术、卷规模、卷流量等。再过五年、十年回过来看，会发现这非常有趣，其实卷是一种竞争，是市场的竞争，改革开放四十多年，中国发生了翻天覆地的变化，大家有目共睹。市场竞争的核心是什么？就是竞争。只有过剩才有竞争，竞争才能产生繁荣。

祖国的繁荣昌盛，正是伴随着市场的竞争与发展，才带来了商品生活的巨大改变。经济的腾飞本质上就是竞争。所有的企业家要拥抱、参与这种卷，拥抱这种竞争，在竞争中出海，为国家撑起中国品牌，打造世界第一品牌，这是自然规律使然。

回顾家电、手机等行业的发展历程，当时手机有几百个品牌，那时候在深圳很多夫妻店就可以做一个品牌，但是通过十几年的优胜劣汰，中国的手机只剩下几家了，而且都是世界级的。家电行业也是经历不断地优胜劣汰，才形成全球为数不多的几家家电企业。工程机械、太阳能等领域也同样如此。这是一个自然规律，我们不必焦虑，只有积极拥抱并参与其中,才能在竞争中脱颖而出。

创新驱动与人才为本

新质生产力是国家高瞻远瞩提出的一个发展方向。其核心在于创新,尤其是在新能源汽车行业。新能源汽车取代传统燃油车是大势所趋,势不可当。在这场革命中,创新的技术将起到主要的驱动作用。因此,如何在汽车工业领域发挥创新的优势,以创新的技术和产品推动企业的发展,最终推动国家和工业的转型升级,是我们面临的重要课题。

说到创新,就离不开人才,每个企业必须有大量从事创新开发的人才,特别是新能源汽车领域,涉及电池、电机、电控、工程半导体等多个方面。这些人才是创新的基础,必须进行重点培养。中国汽车工业在电动车领域从无到有,从有到优,积累了大量的人才。现在,我们围绕新能源汽车的大产业布局,已经拥有了近10万名优秀的工程师,他们在电池、电机、电控等领域储备了大量的人才。

此外,中国还拥有天然的人才优势。每年有1000多万大学生毕业,特别是清华、北大、985、211等顶级学府的学生,为研发人才提供了肥沃的土壤。这些人才只要有足够的平台和研发经费,随着时间的推移,必将为企业带来颠覆性的技术。他们愿意投身于创新性的技术开发,这是他们的人生梦想。

我就是一名工程师,当年在北京有色金属研究院工作,也是一个研发人员,我们对工资也有要求,更多是要有很好的研发平台,很好的经费,很好的项目,让研发人员想到哪里干到哪里。

我们的研发人员就是要创新,最后实现量产,这是我们的研发人员最好的、最大的梦想。当然，收入也很重要，但有时候，一个好的平台往往比收入更重要。因此，保障人才和研发团队是企业发展新质生产力、创新驱动的根本。

垂直整合之路

另外，经济因素也是新能源汽车发展的重要考量。新能源汽车是一个全新的领域，而传统燃油车已经有一百年的发展历史。在新能源汽车的创新过程中，各种技术的叠加和集成创新尤为重要。比亚迪率先建立了高度垂直整合的平台，打破了行业壁垒，让工程师们在高度灵活创新的环境中工作。这种垂直整合的模式使得比亚迪在电池、电控、底盘、云联等方面效率极高。

历史总是惊人的相似。在汽车刚刚诞生之际，像奔驰、宝马、福特等老牌车企也是采用垂直整合的模式，才能够快速迭代、形成创新并构建产业链。现在，在发展新能源汽车的时候，我们又回到了这种模式。高度垂直整合有利于创新和提高效率。在电池和整车的配合、电机电控的高度垂直整合下，制定标准时效率极高。在变革期，时间就是金钱，领先三年是用钱买不到的。因此，比亚迪在高度垂直整合的产业体系中进行变革，构建了自己的产业链。

"市场竞争的核心是什么？就是竞争。只有过剩才有竞争，竞争才能产生繁荣。"

比亚迪在高度垂直整合的产业体系里进行变革，取得了显著的成效。就像当年奔驰一样，也许在行业革命完成后会回归到管理推动，可能会拆分并回到专业化分工。但现阶段，垂直整合带来的创新、效率和成本

| 四、坚定做中国特色社会主义的建设者、中国式现代化的促进者 |

优势依然明显。这就是比亚迪这几年走过的路,也积累了宝贵的经验。有人才、有高度一体化垂直整合的体系、有国家的战略牵引、有中国消费者的大力支持,新能源汽车这个新生事物自然获得了巨大的发展。

未来,新能源汽车的发展之路还很长。虽然我们已经跨过了一个台阶,但要实现更健康的成长,还需要克服许多困难。包括完善技术设施、提升消费者体验等方面,都需要企业家们付出更多的努力。相信只要我们持续不断地投入和创新,在这场变革中一定会脱颖而出。

(文章源自比亚迪总裁王传福在2024中国汽车重庆论坛上的演讲,为保证阅读流畅,编者对部分字词进行了一定的润色。)

《经理人》2024年第11期

献给春天的演讲：相信

王兴兴

你相信吗？我身边这台机器人，在不久的将来，会和我们一样灵敏，甚至成为我们的好帮手。

我相信！我是王兴兴，这是我和团队研发的。和很多人想象的不一样，我不是"学霸"，尤其是英语。虽然我一直很努力，但高中三年只及格过三次。甚至有人说，这个小孩好像比其他人笨一点。我也曾因此自我怀疑、充满焦虑。但，我有自己的热爱。我把所有的课余时间都用来做"小发明"。十岁，用废旧纸板做风力小车；十五岁，用废旧铁皮做微型发动机、做航模；十九岁，我想做个机器人试试，但没有一个人看好。

我不相信：这世上有不可能的事！没有设备，就用手工小钻头、锉刀和剪刀；没有资金，就买九块钱的零件，找没人要的边角料。最后，我只用两百块钱，就"手搓"了一个小的双足机器人。那一刻，我再次明白，奇迹也有"算法"。做成事没有那么难，就是把"不可能"三个字拆解成三百个、三千个技术步骤和参数，然后一一攻克。

后来，我遇到了更多难题。刚创业的时候，我四处碰壁；开始量产机器人的时候，周围更是充满质疑。"现在做这个，有什么用？""烧几

王兴兴，宇树科技创始人。

亿美元才能做的事，你凭什么？"我听过一句话：有些人，只有看见了才相信；而有些人，因为相信，所以看见。前进的路，是一个个"迷思"被打破的过程。我相信，别人能做的事，我们也能做，还能做得更好。为了这个信念，我们没有一天敢懈怠，持续学习、不断尝试。前进的路，也是一次次"快与慢""长与短"的抉择。身处"快时代"，我宁可"慢"一点，也不去走捷径、抄近路。我还是愿意下笨功夫，坚持自主研发。我相信，坚持做难而正确的事，时代不会辜负长期主义者。

如今，我当初做的那个颤颤巍巍的机器人，经过不断迭代，已经成为全球行业出货量最大的机器人。常有人问我，机器人的未来会怎么样？我无法给出准确答案。机器人可以很大，大到移山填海；机器人也可以很小，小到进入血管消灭癌细胞。但我可以肯定的是，我们这一代人，幸运地遇到了前所未有的机遇。几百年的技术积累到了临界点，我们能做更强的AI、更好的机器人、更酷的游戏、更火的电影。我相信，我们真的可以！

最后，我想借用电影《哪吒2》的台词与你共勉。

"难道你还想改变这世界？"

"我想试试！"

"我们一起试试！"

人民日报客户端

附录

中共中央　国务院关于促进民营经济发展壮大的意见

（2023年7月14日）

民营经济是推进中国式现代化的生力军，是高质量发展的重要基础，是推动我国全面建成社会主义现代化强国、实现第二个百年奋斗目标的重要力量。为促进民营经济发展壮大，现提出如下意见。

一、总体要求

以习近平新时代中国特色社会主义思想为指导，深入贯彻党的二十大精神，坚持稳中求进工作总基调，完整、准确、全面贯彻新发展理念，加快构建新发展格局，着力推动高质量发展，坚持社会主义市场经济改革方向，坚持"两个毫不动摇"，加快营造市场化、法治化、国际化一流营商环境，优化民营经济发展环境，依法保护民营企业产权和企业家权益，全面构建亲清政商关系，使各种所有制经济依法平等使用生产要素、公平参与市场竞争、同等受到法律保护，引导民营企业通过自身改革发展、合规经营、转型升级不断提升发展质量，促进民营经济做大做优做强，在全面建设社会主义现代化国家新征程中作出积极贡献，在中华民族伟大复兴历史进程中肩负起更大使命、承担起更重责任、发挥出更大作用。

二、持续优化民营经济发展环境

构建高水平社会主义市场经济体制，持续优化稳定公平透明可预期的发展环境，充分激发民营经济生机活力。

（一）持续破除市场准入壁垒。各地区各部门不得以备案、注册、年检、认定、认证、指定、要求设立分公司等形式设定或变相设定准入障碍。清理规范行政审批、许可、备案等政务服务事项的前置条件和审批标准，不得将政务服务事项转为中介服务事项，没有法律法规依据不得在政务服务前要求企业自行检测、检验、认证、鉴定、公证或提供证明等。稳步开展市场准入效能评估，建立市场准入壁垒投诉和处理回应机制，完善典型案例归集和通报制度。

（二）全面落实公平竞争政策制度。强化竞争政策基础地位，健全公平竞争制度框架和政策实施机制，坚持对各类所有制企业一视同仁、平等对待。强化制止滥用行政权力排除限制竞争的反垄断执法。未经公平竞争不得授予经营者特许经营权，不得限定经营、购买、使用特定经营者提供的商品和服务。定期推出市场干预行为负面清单，及时清理废除含有地方保护、市场分割、指定交易等妨碍统一市场和公平竞争的政策。优化完善产业政策实施方式，建立涉企优惠政策目录清单并及时向社会公开。

（三）完善社会信用激励约束机制。完善信用信息记录和共享体系，全面推广信用承诺制度，将承诺和履约信息纳入信用记录。发挥信用激励机制作用，提升信用良好企业获得感。完善信用约束机制，依法依规按照失信惩戒措施清单对责任主体实施惩戒。健全失信行为纠正后的信用修复机制，研究出台相关管理办法。完善政府诚信履约机制，建立健全政务失信记录和惩戒制度，将机关、事业单位的违约毁约、拖欠账款、拒不履行司法裁判等失信信息纳入全国信用信息共享平台。

（四）完善市场化重整机制。鼓励民营企业盘活存量资产回收资金。坚持精准识别、分类施策，对陷入财务困境但仍具有发展前景和挽救价值的企业，按照市场化、法治化原则，积极适用破产重整、破产和解程序。推动修订企业破产法并完善配套制度。优化个体工商户转企业相关政策，降低转换成本。

三、加大对民营经济政策支持力度

精准制定实施各类支持政策，完善政策执行方式，加强政策协调性，及时回应关切和利益诉求，切实解决实际困难。

（五）完善融资支持政策制度。健全银行、保险、担保、券商等多方共同参与的融资风险市场化分担机制。健全中小微企业和个体工商户信用评级和评价体系，加强涉企信用信息归集，推广"信易贷"等服务模式。支持符合条件的民营中小微企业在债券市场融资，鼓励符合条件的民营企业发行科技创新公司债券，推动民营企业债券融资专项支持计划扩大覆盖面、提升增信力度。支持符合条件的民营企业上市融资和再融资。

（六）完善拖欠账款常态化预防和清理机制。严格执行《保障中小企业款项支付条例》，健全防范化解拖欠中小企业账款长效机制，依法依规加大对责任人的问责处罚力度。机关、事业单位和大型企业不得以内部人员变更，履行内部付款流程，或在合同未作约定情况下以等待竣工验收批复、决算审计等为由，拒绝或延迟支付中小企业和个体工商户款项。建立拖欠账款定期披露、劝告指导、主动执法制度。强化商业汇票信息披露，完善票据市场信用约束机制。完善拖欠账款投诉处理和信用监督机制，加强对恶意拖欠账款案例的曝光。完善拖欠账款清理与审计、督查、巡视等制度的常态化对接机制。

（七）强化人才和用工需求保障。畅通人才向民营企业流动渠道，健全人事管理、档案管理、社会保障等接续的政策机制。完善民营企业职称评审办法，畅通民营企业职称评审渠道，完善以市场评价为导向的职称评审标准。搭建民营企业、个体工商户用工和劳动者求职信息对接平台。大力推进校企合作、产教融合。推进民营经济产业工人队伍建设，优化职业发展环境。加强灵活就业和新就业形态劳动者权益保障，发挥平台企业在扩大就业方面的作用。

（八）完善支持政策直达快享机制。充分发挥财政资金直达机制作用，推动涉企资金直达快享。加大涉企补贴资金公开力度，接受社会监督。针对民营中小微企业和个体工商户建立支持政策"免申即享"机制，推广告知承诺制，有关部门能够通过公共数据平台提取的材料，不再要求重复提供。

（九）强化政策沟通和预期引导。依法依规履行涉企政策调整程序，根据实际设置合理过渡期。加强直接面向民营企业和个体工商户的政策发布和解读引导。支持各级政府部门邀请优秀企业家开展咨询，在涉企政策、规划、标准的制定和评估等方面充分发挥企业家作用。

四、强化民营经济发展法治保障

健全对各类所有制经济平等保护的法治环境，为民营经济发展营造良好稳定的预期。

（十）依法保护民营企业产权和企业家权益。防止和纠正利用行政或刑事手段干预经济纠纷，以及执法司法中的地方保护主义。进一步规范涉产权强制性措施，避免超权限、超范围、超数额、超时限查封扣押冻结财产。对不宜查封扣押冻结的经营性涉案财物，在保证侦查活动正常进行的同时，可以允许有关当事人继续合理使用，并采取必要的保值保管措施，最大限度减少侦查办案对正常办公和合法生产经营的影响。完善涉企案件申诉、再审等机制，健全冤错案件有效防范和常态化纠正机制。

（十一）构建民营企业源头防范和治理腐败的体制机制。出台司法解释，依法加大对民营企业工作人员职务侵占、挪用资金、受贿等腐败行为的惩处力度。健全涉案财物追缴处置机制。深化涉案企业合规改革，推动民营企业合规守法经营。强化民营企业腐败源头治理，引导民营企业建立严格的审计监督体系和财会制度。充分发挥民营企业党组织作用，推动企业加强法治教育，营造诚信廉洁的企业文化氛围。建立多元主体参与的民营企业腐败治理机制。推动建设法治民营企业、清廉民营企业。

（十二）持续完善知识产权保护体系。加大对民营中小微企业原始创新保护力度。严格落实知识产权侵权惩罚性赔偿、行为保全等制度。建立知识产权侵权和行政非诉执行快速处理机制，健全知识产权法院跨区域管辖制度。研究完善商业改进、文化创意等创新成果的知识产权保护办法，严厉打击侵犯商业秘密、仿冒混淆等不正当竞争行为和恶意抢注商标等违法行为。加大对侵犯知识产权违法犯罪行为的刑事打击力度。完善海外知识产权纠纷应对指导机制。

（十三）完善监管执法体系。加强监管标准化规范化建设，依法公开监管标准和规则，增强监管制度和政策的稳定性、可预期性。提高监管公平性、规范性、简约性，杜绝选择性执法和让企业"自证清白"式监管。鼓励跨行政区域按规定联合发布统一监管政策法规及标准规范，开展联动执法。按照教育与处罚相结合原则，推行告知、提醒、劝导等执法方式，对初次违法且危害后果轻微并及时改正的依法不予行政处罚。

（十四）健全涉企收费长效监管机制。持续完善政府定价的涉企收费清单制度，进行常态化公示，接受企业和社会监督。畅通涉企违规收费投诉举报渠道，建立规范的问题线索部门共享和转办机制，综合采取市场监管、行业监管、信用监管等手段实施联合惩戒，公开曝光违规收费典型案例。

五、着力推动民营经济实现高质量发展

引导民营企业践行新发展理念，深刻把握存在的不足和面临的挑战，转变发展方式、调整产业结构、转换增长动力，坚守主业、做强实业，自觉走高质量发展之路。

（十五）引导完善治理结构和管理制度。支持引导民营企业完善法人治理结构、规范股东行为、强化内部监督，实现治理规范、有效制衡、合规经营，鼓励有条件的民营企业建立完善中国特色现代企业制度。依

法推动实现企业法人财产与出资人个人或家族财产分离，明晰企业产权结构。研究构建风险评估体系和提示机制，对严重影响企业运营并可能引发社会稳定风险的情形提前预警。支持民营企业加强风险防范管理，引导建立覆盖企业战略、规划、投融资、市场运营等各领域的全面风险管理体系，提升质量管理意识和能力。

（十六）支持提升科技创新能力。鼓励民营企业根据国家战略需要和行业发展趋势，持续加大研发投入，开展关键核心技术攻关，按规定积极承担国家重大科技项目。培育一批关键行业民营科技领军企业、专精特新中小企业和创新能力强的中小企业特色产业集群。加大政府采购创新产品力度，发挥首台（套）保险补偿机制作用，支持民营企业创新产品迭代应用。推动不同所有制企业、大中小企业融通创新，开展共性技术联合攻关。完善高等学校、科研院所管理制度和成果转化机制，调动其支持民营中小微企业创新发展积极性，支持民营企业与科研机构合作建立技术研发中心、产业研究院、中试熟化基地、工程研究中心、制造业创新中心等创新平台。支持民营企业加强基础性前沿性研究和成果转化。

（十七）加快推动数字化转型和技术改造。鼓励民营企业开展数字化共性技术研发，参与数据中心、工业互联网等新型基础设施投资建设和应用创新。支持中小企业数字化转型，推动低成本、模块化智能制造设备和系统的推广应用。引导民营企业积极推进标准化建设，提升产品质量水平。支持民营企业加大生产工艺、设备、技术的绿色低碳改造力度，加快发展柔性制造，提升应急扩产转产能力，提升产业链韧性。

（十八）鼓励提高国际竞争力。支持民营企业立足自身实际，积极向核心零部件和高端制成品设计研发等方向延伸；加强品牌建设，提升

"中国制造"美誉度。鼓励民营企业拓展海外业务，积极参与共建"一带一路"，有序参与境外项目，在走出去中遵守当地法律法规、履行社会责任。更好指导支持民营企业防范应对贸易保护主义、单边主义、"长臂管辖"等外部挑战。强化部门协同配合，针对民营经济人士海外人身和财产安全，建立防范化解风险协作机制。

（十九）支持参与国家重大战略。鼓励民营企业自主自愿通过扩大吸纳就业、完善工资分配制度等，提升员工享受企业发展成果的水平。支持民营企业到中西部和东北地区投资发展劳动密集型制造业、装备制造业和生态产业，促进革命老区、民族地区加快发展，投入边疆地区建设推进兴边富民。支持民营企业参与推进碳达峰碳中和，提供减碳技术和服务，加大可再生能源发电和储能等领域投资力度，参与碳排放权、用能权交易。支持民营企业参与乡村振兴，推动新型农业经营主体和社会化服务组织发展现代种养业，高质量发展现代农产品加工业，因地制宜发展现代农业服务业，壮大休闲农业、乡村旅游业等特色产业，积极投身"万企兴万村"行动。支持民营企业参与全面加强基础设施建设，引导民营资本参与新型城镇化、交通水利等重大工程和补短板领域建设。

（二十）依法规范和引导民营资本健康发展。健全规范和引导民营资本健康发展的法律制度，为资本设立"红绿灯"，完善资本行为制度规则，集中推出一批"绿灯"投资案例。全面提升资本治理效能，提高资本监管能力和监管体系现代化水平。引导平台经济向开放、创新、赋能方向发展，补齐发展短板弱项，支持平台企业在创造就业、拓展消费、国际竞争中大显身手，推动平台经济规范健康持续发展。鼓励民营企业集中精力做强做优主业，提升核心竞争力。

六、促进民营经济人士健康成长

全面贯彻信任、团结、服务、引导、教育的方针,用务实举措稳定人心、鼓舞人心、凝聚人心,引导民营经济人士弘扬企业家精神。

(二十一)健全民营经济人士思想政治建设机制。积极稳妥做好在民营经济代表人士先进分子中发展党员工作。深入开展理想信念教育和社会主义核心价值观教育。教育引导民营经济人士中的党员坚定理想信念,发挥先锋模范作用,坚决执行党的理论和路线方针政策。积极探索创新民营经济领域党建工作方式。

(二十二)培育和弘扬企业家精神。引导民营企业家增强爱国情怀、勇于创新、诚信守法、承担社会责任、拓展国际视野,敢闯敢干,不断激发创新活力和创造潜能。发挥优秀企业家示范带动作用,按规定加大评选表彰力度,在民营经济中大力培育企业家精神,及时总结推广富有中国特色、顺应时代潮流的企业家成长经验。

(二十三)加强民营经济代表人士队伍建设。优化民营经济代表人士队伍结构,健全选人机制,兼顾不同地区、行业和规模企业,适当向战略性新兴产业、高技术产业、先进制造业、现代服务业、现代农业等领域倾斜。规范政治安排,完善相关综合评价体系,稳妥做好推荐优秀民营经济人士作为各级人大代表候选人、政协委员人选工作,发挥工商联在民营经济人士有序政治参与中的主渠道作用。支持民营经济代表人士在国际经济活动和经济组织中发挥更大作用。

(二十四)完善民营经济人士教育培训体系。完善民营经济人士专题培训和学习研讨机制,进一步加大教育培训力度。完善民营中小微企业培训制度,构建多领域多层次、线上线下相结合的培训体系。加强对民营经济人士的梯次培养，建立健全年轻一代民营经济人士传帮带辅导制度，推动事业新老交接和有序传承。

（二十五）全面构建亲清政商关系。把构建亲清政商关系落到实处，党政干部和民营企业家要双向建立亲清统一的新型政商关系。各级领导干部要坦荡真诚同民营企业家接触交往，主动作为、靠前服务，依法依规为民营企业和民营企业家解难题、办实事，守住交往底线，防范廉政风险，做到亲而有度、清而有为。民营企业家要积极主动与各级党委和政府及部门沟通交流，讲真话、说实情、建诤言，洁身自好走正道，遵纪守法办企业，光明正大搞经营。

七、持续营造关心促进民营经济发展壮大社会氛围

引导和支持民营经济履行社会责任，展现良好形象，更好与舆论互动，营造正确认识、充分尊重、积极关心民营经济的良好社会氛围。

（二十六）引导全社会客观正确全面认识民营经济和民营经济人士。加强理论研究和宣传，坚持实事求是、客观公正，把握好正确舆论导向，引导社会正确认识民营经济的重大贡献和重要作用，正确看待民营经济人士通过合法合规经营获得的财富。坚决抵制、及时批驳澄清质疑社会主义基本经济制度、否定和弱化民营经济的错误言论与做法，及时回应关切、打消顾虑。

（二十七）培育尊重民营经济创新创业的舆论环境。加强对优秀企业家先进事迹、加快建设世界一流企业的宣传报道，凝聚崇尚创新创业正能量，增强企业家的荣誉感和社会价值感。营造鼓励创新、宽容失败的舆论环境和时代氛围，对民营经济人士合法经营中出现的失误失败给予

理解、宽容、帮助。建立部门协作机制，依法严厉打击以负面舆情为要挟进行勒索等行为，健全相关举报机制，降低企业维权成本。

（二十八）支持民营企业更好履行社会责任。教育引导民营企业自觉担负促进共同富裕的社会责任，在企业内部积极构建和谐劳动关系，推动构建全体员工利益共同体，让企业发展成果更公平惠及全体员工。鼓励引导民营经济人士做发展的实干家和新时代的奉献者，在更高层次上实现个人价值，向全社会展现遵纪守法、遵守社会公德的良好形象，做到富而有责、富而有义、富而有爱。探索建立民营企业社会责任评价体系和激励机制，引导民营企业踊跃投身光彩事业和公益慈善事业，参与应急救灾，支持国防建设。

八、加强组织实施

（二十九）坚持和加强党的领导。坚持党中央对民营经济工作的集中统一领导，把党的领导落实到工作全过程各方面。坚持正确政治方向，建立完善民营经济和民营企业发展工作机制，明确和压实部门责任，加强协同配合，强化央地联动。支持工商联围绕促进民营经济健康发展和民营经济人士健康成长更好发挥作用。

（三十）完善落实激励约束机制。强化已出台政策的督促落实，重点推动促进民营经济发展壮大、产权保护、弘扬企业家精神等政策落实落细，完善评估督导体系。建立健全民营经济投诉维权平台，完善投诉举报保密制度、处理程序和督办考核机制。

（三十一）及时做好总结评估。在与宏观政策取向一致性评估中对涉民营经济政策开展专项评估审查。完善中国营商环境评价体系，健全政策实施效果第三方评价机制。加强民营经济统计监测评估，必要时可研究编制统一规范的民营经济发展指数。不断创新和发展"晋江经验"，及时总结推广各地好经验好做法，对行之有效的经验做法以适当形式予以固化。